GOLDMANN

Buch

Katharina Rutschkys Essay *Erregte Aufklärung* ist als ein Leitfaden zu lesen, wie man mit dem Tabu Kindesmißbrauch umgehen sollte und wie besser nicht. Der Titel ist Programm und Tradition zugleich: Die Autorin kritisiert in gewohnter »beispielloser Pointierung« (Basler Zeitung) den öffentlichen Umgang mit Inzest, Kindesmiß-handlung und -mißbrauch und setzt damit die Kontinuität ihrer publizistischen Arbeit fort. So wie sie in ihrem bahnbrechenden Buch *Schwarze Pädagogik* die pädagogischen Obsessionen einer Gesell-schaft entlarvte, bietet sie hier den LeserInnen wieder eine unübliche Perspektive an: Es geht um das Tabu des sexuellen Mißbrauchs und um jenes Brechen des Schweigens, das allerorten als so befreiend gepriesen wird.

Autorin

Katharina Rutschky hat nach dem Studium der Germanistik, Geschichte und Erziehungswissenschaften als Lehrerin an einer Institution des 2. Bildungsweges gearbeitet. Seit 1980 ist sie freie Autorin. Ihr 1977 herausgegebenes Buch *Schwarze Pädagogik*, vom »Spiegel« als »pädagogisches Schwarzbuch« gelobt, ist inzwischen Standardwerk für Pädagogen. 1983 folgte die *Deutsche Kinder-chronik*.

Inhalt

1. Tabubruch satt

Man muß sich keine besondere Mühe geben, um jeden Tag beim Blick in die Zeitung, auf den Fernsehschirm, ja, auch beim Blättern im Kino- und Theaterprogramm auf ein Tabu zu stoßen, an das sich aber niemand zu halten scheint. Die einen – und es sollen gar nicht so wenige sein, wie wir immer gedacht haben, wenn wir überhaupt je daran gedacht haben – brechen es mit schlechten Gründen, die anderen mit guten und lobenswerten, nämlich in der Absicht, es wieder herzustellen. Die einen begehen ein Sakrileg und beschmutzen, was uns allen heilig ist, die andern üben Redezauber, um es wieder rein zu waschen.

Das geht schon seit einigen Jahren so, und dennoch wird niemand von den Guten müde zu betonen, daß nun endlich ein Tabu gebrochen, ein Schweigegebot nicht länger respektiert und die Wahrheit über ein Verbrechen gegen jeden Widerstand ans Licht gebracht werden müsse. »'Psychologie heute': Autorin Elfriede Czurda (Jahrgang 1946, Oberösterreicherin) hat sich an ein heikles Thema herangewagt: Inzest, Kindesmißbrauch in der Familie, ein Delikt, das ebenso häufig vorkommt wie es verdrängt und verschwiegen wird.« Das ist der Topos, der nach jahrelanger Wanderung von der Wissenschaft in die Literatur, in die Kunst und auf die Bühne schließlich in die Massenmedien jeglicher Couleur vorgedrungen ist. Wer einen Topos aber als solchen nicht erkennt, muß den Eindruck gewinnen, Jahre später sei man immer noch nicht weiter bei der Veröffentlichung des Themas, das alle angeht.

Da fragt ein Journalist der »Süddeutschen Zeitung« die junge Regisseurin Amelie Niermeyer, die im Münchner Cuvilliéstheater gerade ein Stück über Inzest inszeniert hat: »Wieso interessieren Sie sich für das hochtabuisierte Thema sexuelle Kindesmißhandlung?« Die Antwort verweist den Frager nun nicht auf die Veröffentlichungen in keineswegs esoterischen Organen, wie »Brigitte«, »Spiegel«, »Stern« oder auf das Angebot jeder Buchhandlung, die allesamt seit den achtziger Jahren tabubrechend tätig gewesen sind, so daß in diesem Punkt ein Handlungsbedarf nicht mehr besteht – nein, die Antwort bekräftigt die Pflicht zur Fortsetzung der schweren Aufgabe, allerdings mit der Modifikation, daß man selbst es richtiger mache und ernster meine als andere, die aus spekulativen Gründen Tabubruch betreiben.

»Die Frage finde ich ein wenig absurd«, antwortet Amelie Niermeyer dem Journalisten, »weil die Anzahl der Mädchen und auch Jungen, die von Vätern sexuell mißbraucht werden, so horrende hoch ist, daß es uns zu interessieren *hat*. Hinzu kommt, daß dieses Thema in der Presse vor allem voyeuristisch ausgeschlachtet wird. Dadurch kriegt das so einen Ausnahmecharakter, dabei ist sexueller Kindesmißbrauch in vielen Familien an der Tagesordnung.«

Mit der Ansicht von der Alltäglichkeit des Verbrechens befindet sich Niermeyer, ohne es zu ahnen, in völliger Übereinstimmung mit der »Bild«-Zeitung, die pünktlich zum 8. Internationalen Kongreß über Kindesmißhandlung und Vernachlässigung, der Anfang September 1990 in Hamburg stattfand, eine Serie mit dem Titel startete »Wehe du erzählst es Mama – Kindesmißbrauch in Deutschland«. Zweifel sind auch angebracht, ob das Stück der Holländerin Inez van Dullemen, »Schreib mich in den Sand«, das da in München aufgeführt wurde, von etwas anderem lebt als von der voyeuristischen Ausbeutung und Anbiederung an menschliches Unglück, welche die Boulevardpresse mit ihren Falldarstellungen betreibt. Die Details, mit denen die Horrorszenarien in »Bild« ausgestattet werden, um den Leser ordentlich zu packen und ihm wohlige Schauer des Entsetzens über den Rücken zu jagen, können der »erschütternden Fallstudie« nicht fehlen, die man im Maßstab eins zu eins vom Leben auf die Bühne bringt.

Auch dem Theaterkritiker Wolfgang Höbel sind angesichts der »Aufklärungsarbeit« Bedenken gekommen – allerdings rein ästhetische. An der Wahrheit des umstandslos auf die Bretter beförderten Lebens hat er keine Zweifel: »Eine, wie man inzwischen aus hunderten von Medienberichten über den sexuellen Mißbrauch von Kindern weiß, grausam alltägliche Geschichte: ein liebender Vater, der dumpf und gedankenlos sein ›Eigentum‹ zur Triebbefriedigung benutzt; eine Mutter, die lieber wegsieht . . . und eine Schwester, die erst begreift, als es zu spät ist . . . Ein grauenvolles Stück . . . Aber deshalb auch schon ein Fall fürs Theater? Die Autorin findet für ihre realistischen Figuren keine Sprache . . . Das reale Grauen wird hier eins zu eins auf die Bühne übersetzt, und das Ergebnis ist weniger ein Drama als eine naturgemäß bedrückende Demonstration: So geht es in der Welt außerhalb der Schauspielhäuser zu . . .

Die Vorlage hält sich sehr genau an das, was Wissenschaftler über sexuellen Mißbrauch, seine psychischen und sozialen Ursachen berichten. Was sagt die Mutter? Sie sucht die Schuld bei sich, nimmt den Vater mit der aberwitzigen Behauptung in Schutz: ›Es gibt Triebe, die stärker sind.‹ Wie reagiert der Vater? Mit Ausflüchten – und mit gräßlicher Selbstgefälligkeit. ›Sowas ist ganz natürlich‹, sagt dieses Monster beiläufig, ›ein menschlicher Impuls‹ . . . Die Botschaft ist klar, und sie war in jüngerer Zeit in fast allen Medien zu hören oder nachzulesen: Die Täter sind mitten unter uns.«

In der Raffung der Theaterkritik erscheint der phantastische Charakter des Stücks noch klarer als auf der Bühne. Kennt man das nicht aus Mythos und Märchen, daß dem Monster Mädchen geopfert werden und andere zu- beziehungsweise wegsehen, im eigenen Interesse? Es ist ein Irrtum, zu glauben, daß zwar das Theater gewisse Anforderungen an ein Stück stellen muß, das theatralisch überzeugen soll, daß die Wahrheiten des Lebens aber sonst lose herumliegen und, wenn schon nicht dem bloßen Auge, dann doch dem extra geschärften der Wissenschaft ohne weiteres sichtbar sind. Am Ende bescheinigt der Kritiker der Regisseurin, zwar kein gutes Stück auf die Bühne, aber doch einen »politischen Theaterabend« zuwege gebracht zu haben; denn zu sehen war das »ganz gewöhnliche Elend der wirklichen Welt«.

Was soll daran politisch oder aufklärend sein, wenn wie hier und in vielen anderen Fällen mit Aplomb Dinge vorgetragen werden, über die wir uns doch längst einig sind? Inzest, also Beischlaf zwischen Blutsverwandten, ist ein uraltes Verbrechen, also verboten und im Paragraph 173 Strafgesetzbuch (StGB) entsprechend mit Strafe bedroht. Strittig ist unter Soziobiologen, Ethnologen und anderen Forschern bloß der Sinn und die Entstehung dieses Tabus. Beim Mißbrauchsfall auf der Münchner Theaterbühne scheint es sich auch noch um einen Anwendungsfall für Paragraph 176 StGB (Sexueller Mißbrauch von Kindern unter vierzehn Jahren), vermutlich auch noch für Paragraph 177 StGB (Vergewaltigung) und Paragraph 174 StGB (Mißbrauch von Schutzbefohlenen – bis zum Alter von achtzehn Jahren) zu handeln.

Vor Jahresfrist wurde in München ein neununddreißigjähriger Musiker verurteilt, der seine drei, inzwischen fünfzehn, achtzehn und zwanzig Jahre alten Töchter sexuell mißbraucht hat – zwei seiner Kinder seit ihrem sechsten Lebensjahr. »Die Jüngste war 13, als sich der Vater ihr unsittlich näherte. Um sie vor weiterem sexuellen Mißbrauch zu schützen, hatte sich die zu diesem Zeitpunkt von der Familie bereits getrennt lebende mittlere Tochter an die Polizei gewandt. Zuvor hatten die beiden älteren Mädchen ebenso wie die von ihnen eingeweihte Mutter nach ihren Angaben aus Angst vor Mißhandlungen geschwiegen ... Der Ungar wurde des Mißbrauchs von Kindern und des Beischlafs zwischen Verwandten und der Körperverletzung für schuldig befunden.« Das Strafmaß für ihn lautete auf dreizehn Jahre Haft.

Das ganz gewöhnliche Elend der wirklichen Welt, sofern es sich um sexuellen Mißbrauch von Kindern in der Form des Inzests handelt, muß also keineswegs in einem moralisch-politisch-ästhetischen Gewaltakt auf der Bühne oder sonstwo eigens denunziert und als Verbrechen gebrandmarkt werden; denn wenn es darauf ankommt, reicht der Gang zur Polizei völlig hin. Daß er nicht immer oder sehr spät gemacht wird, verwundert Außenstehende und Erfahrungslose, die wir in der Regel sind, immer wieder. Daß die Angst vor Mißhandlungen durch den Vater, wie im vorliegenden Fall, eine hinreichende Erklärung ist, kann man eigentlich nicht glauben. Welche Mißhandlung übertrifft an Schrecken, was der Vater seinen Töchtern jahrelang zufügte? Oder wie oder was?

Wie dem auch sei, die topologische Redeweise vom Tabubruch, der begangen werden muß, damit das Tabu wieder Geltung erlangt, ignoriert systematisch, daß wir in Mitteleuropa am Ausgang des zwanzigsten Jahrhunderts auf Tabus gar nicht mehr angewiesen sind, sondern vielmehr Gesetze und Strafbestimmungen haben, die auch angewandt werden. Darüber hinaus hat sich immer wieder gezeigt, daß über kaum etwas so viel Einigkeit herrscht, wie über die besondere Abscheulichkeit von Kindesmißhandlung und Kindesmißbrauch. Gewiß wird gegen diese Gesetze verstoßen und der allgemeine Abscheu scheint sich keineswegs überall durchzusetzen – aber trifft das nicht auch bei Betrug, Diebstahl oder Mord zu? Auch der wird nachweislich täglich begangen, trotz der Drohung des Strafrechts, daß man sein weiteres Leben hinter Gittern zu verbringen habe, wenn man sich nicht an das Verbot hält.

Volkesstimme gab früher, wenn es um Verbrechen an Kindern, um die Bestrafung von Kinderschändern ging, gern die Parole aus »Rübe ab«, und man war froh, daß das Volk nicht umstandslos zum Zuge kam. Die Todesstrafe ist nicht nur einer zivilisierten Gesellschaft unwürdig, dachten wir, jeder aufgeklärte Mensch wußte auch, daß Polizei und Justiz dem Verbrechen nur eine Form geben, es nicht abschaffen können, der endlich halbwegs akzeptierten Zielsetzung der Resozialisierung des Täters zum Trotz. Wir mühen uns um Verständnis für alle Rechtsbrecher, nicht nur der Gerechtigkeit wegen, sondern auch, weil das System uns immer wieder Kopfschmerzen macht und auf Kontrolle angewiesen ist, eine Funktion, die etwa Gerhard Mauz in seinen Gerichtsreportagen vorbildlich wahrnimmt.

Haben wir nicht alle in den siebziger Jahren für einen Kinderschänder und mehrfachen Mörder Partei ergriffen und uns schließlich die Psychiatrisierung von Jürgen Bartsch im Revisionsverfahren als einen Sieg zugeschrieben? Mit dem Blick auf die Entwicklung einer liberalen und progressiven Grundhaltung zu vielen sozialen Gegebenheiten in den letzten Jahren und Jahrzehnten, wundert man sich um so mehr darüber, wie es in letzter Zeit im Zusammenhang mit sexuell motivierten Vergehen und Gewalttaten zu Debatten und Protesten wegen allzu milder Urteile, allzu sorgfältiger und langwieriger Prozeßführung kommen konnte.

Zweifel an der laschen Justiz werden sonst nur im Umkreis von Prozessen laut, die Verbrechen aus der Nazi-Zeit verhandeln. Jetzt wird plötzlich aufs Strafrecht gepocht, Unwille und Ungeduld gegenüber rechtsstaatlichen Verfahrensweisen dort artikuliert, wo man sich eigentlich für eine weitere Zivilisierung der Gesellschaft, keineswegs für die schematische Konservierung von Recht und Ordnung einzusetzen scheint. 1988 diskutierten die Leser der alternativen »Tageszeitung«, kurz »taz« genannt, ob es zulässig sei, daß ein linker Anwalt die Verteidigung eines sogenannten Vergewaltigers übernehmen dürfe, ohne sich dadurch mit dessen Verbrechen gemein zu machen. Übersieht man schon gutwillig die abstoßenden Parolen, mit denen manche auf Häuserwänden Sexualpolitik zu treiben meinen, so gelingt das kaum noch bei den Anzeigen, mit denen eine Berliner Notrufeinrichtung versucht, miese Stimmung zu machen; denn einen anderen Sinn vermag ich in den täglich und wöchentlich wiederholten Warnrufen und Meldungen nicht zu erkennen. Daß einige einen vollkommen phantastischen Eindruck machen und offenbar nicht auf ihren Realitätsgehalt überprüft wurden, spielt deshalb schon gar keine Rolle mehr.

Einige typische Beispiele aus der »taz« zur Illustration. Ein vergleichsweise leichtes Problem stellt ein öfter gemeldeter Exhibitionist oder, wie heute, ein sexueller Belästiger dar: »Warnung an alle Frauen: Am S-Bhf. Feuerbachstr. in Steglitz treibt sich ein untersetzter älterer Mann (40–50 J.) rum, der Frauen sexuell belästigt. Seid wachsam und achtet aufeinander! Die Notruffrauen.« Das schlimmste, was diese Warnung auslösen kann, ist, Benutzerinnen der S-Bahn in einen leicht paranoiden Zustand zu versetzen. Ich sehe sie vor mir, wie sie Männer, auf die die Beschreibung zutreffen könnte, auffällig – unauffällig von schräg nach hinten im Auge behalten, und – Vorsicht kann ja nie falsch sein – lieber in der Nähe einer anderen Frau auf den Zug warten.

Probleme wirft die Verarbeitung der folgenden Meldung auf, vor allem für alleinstehende und alleinwohnende Frauen des angegebenen Berliner Stadtteils: »Achtung, Frauen! In der Gegend am Prenzlauer Berg (Dimitroffstr./Greifswalder Str.) bricht ein *maskierter* Mann in Wohnungen von Frauen ein, um sie zu vergewaltigen und zu berauben. Auffällig an ihm ist eine schwarze, bis auf die Schultern reichende Kapuze mit Augenschlitzen, ähnlich wie beim KuKluxKlan. Er trägt ein Messer bei sich.« Vielleicht werden an diesem

Tag einige prüfen, ob Fenster und Türen gesichert sind; aber das versteht sich ja eigentlich von selbst, denn Berlin ist Gott sei Dank kein Dorf, in dem die Nachbarn aufeinander aufpassen.

Andere, abgebrüht wie ich zum Beispiel, lesen die Zeilen der Anzeige wie einen Kurzkrimi oder einen Comic: Könnte der maskierte Mann nicht Batman sein, der durch die Straßen fliegt, um jene Bösewichter dingfest zu machen, die ihm so üble Dinge wie Raub und Vergewaltigung nachgesagt haben?

Die nächste Geschichte klingt vollends roman-, im Grunde märchenhaft: »Im Böcklerpark in Kreuzberg überfällt eine Bande von 4–6 Jugoslawen mitten am Tag brutal Frauen. Einer fragt nach Feuer, dann greifen die andern von hinten zu und zerren die Frau ins Gebüsch.« Dortselbst, so ergänze ich, öffnet sich eine Falltür, und das schöne Mädchen findet sich in einem Verließ, wo schon elf andere Jungfrauen auf den Ritter warten, der den Wegelagerern, Kentauren auf Frauenraub, das Handwerk legt und sie aus ihrer Gefangenschaft erlöst. So muß es wohl kommen; denn an einen trivialen Polizeieinsatz ist unter diesen Umständen nicht zu denken. Neben zwei weiteren »Typen«, die »massiv« belästigen, wird an diesem Tag noch ein Hypnose-Therapeut aus Wilmersdorf annonciert, der Frauen in seiner Praxis vergewaltigt, nachdem sie Vertrauen zu ihm gefaßt haben.

Was bezwecken die Notruffrauen mit der Veröffentlichung solcher cautionary tales? Wäre ich so arglos, wie Frau unter keinen Umständen sein darf, könnte ich annehmen, daß sie sich und ihre hilfreiche Einrichtung einfach nur präsent machen und erhalten wollen. Schön und gut, warum aber mit Geschichten, die der Städterin ihre Umwelt als einen Tummelplatz von abartigen Sexmaniacs darstellen, gegen die niemand und nichts hilft als Frauensolidarität? Und noch eine andere Frage drängt sich auf: Wo ist eigentlich der gute alte Handtaschenräuber geblieben, der tatsächlich in meiner Straße eine alte Dame zu Boden gerissen, sie dabei verletzt und beklaut hat?

Anders gesagt, es fällt auf, welchen Umfang und welches Gewicht gerade die aktivsten Frauen, vielleicht auch bloß die lautesten und, medienpolitisch gesehen jedenfalls, die erfolgreichsten, der Bearbeitung des Sexualtriebs beimessen. Sehe ich etwa von Monika Treuts Filmen und Claudia Gehrkes Verlagsprogrammen ab, dann handelt es sich nicht um den eigenen, sondern immer den der anderen. Dabei wurden bisher gern die Ausdrucks- und Befriedigungsformen skandalisiert, die besonders unverständlich, unappetitlich, gräßlich und grausam sind, abstoßend nach meiner Einschätzung aber nicht bloß für Frauen, wie suggeriert wird, sondern auch für die meisten Männer.

Damit bin ich nun wieder, nach einem notwendigen Umweg, bei meinem eigentlichen Thema, dem sexuellen Mißbrauch von Kindern, angelangt. Abgesehen von der strafrechtlichen Festlegung dieses Verbrechens in unserer Gesellschaft, die man keinen Moment unterschätzen, gar vergessen sollte, läßt sich dieser Tatbestand auf die Formel bringen: Sexueller Mißbrauch von

Kindern ist Mißhandlung plus Feminismus. Der Feminismus – man sehe mir diese Pauschalisierung einmal nach – bietet die einzige noch offene Option auf eine weitere Sexualisierung, die unserer liberalen und aufgeklärten Gesellschaft bleibt.

Es ist, aller Pornos in den Kabelprogrammen zum Trotz – auch in Fernsehspielen der öffentlich-rechtlichen Anstalten sind Bettszenen schon obligat –, ungeachtet aller Offenherzigkeit mit der auf dem Sexmarkt, gespiegelt in den Kontaktanzeigen der Stadtmagazine, jede Spezialität angeboten und vermutlich auch abgerufen wird, eine Gesellschaft, die im puritanischen Tiefschlaf liegt. Für ihren Zustand gibt es keine bessere Metapher als jenes Pressefoto, das den langjährigen Chef der Bundesprüfstelle für jugendgefährdende Schriften, Rudolf Stefen, in fröhlicher Gemeinschaft mit der Pornodarstellerin und Filmproduzentin Teresa Orlowski zeigt: zwei Angestellte auf dem Betriebsfest der Sexualbürokratie.

Ich mag mir das Arbeitsleben eines Zensors und Jugendschützers so wenig vorstellen wie das einer Produzentin passabler Schweinereien. Ob die zwanghafte Isolierung der Sexualität nach den Gesetzen der Bürokratie mit Hilfe der Frauen fortgesetzt und womöglich noch verschärft wird, das ist die Frage, mit der wir uns im Augenblick befassen müssen. Mit der Debatte um sexuelle Männergewalt im öffentlichen Raum hat es vor Jahren angefangen. Jede Frau, so lautete die Botschaft, gleich welchen Alters, wo sie ist, egal, wie sie sich benimmt, ist potentiell eine vergewaltigte Frau. Als

Ausdruck dieser Männergewalt gegen Frauen wurden schon die Pfiffe von Bauarbeitern und die Sitzhaltung mancher Männer in der U-Bahn inkriminiert. Die Werbung, aber auch die Titelbilder eines liberalen, sonst im Aufklärungstrend liegenden Magazins, wurden als sexistisch entlarvt, weil sie angeblich Frauen als allzeit willige Sexualobjekte abbildeten und damit jede Frau in ihrer Würde kränkten.

Das Scheitern der Klage gegen den »Stern« hat Alice Schwarzer dann aber nicht davon abgehalten, Ende der achtziger Jahre eine Antiporno-Kampagne zu initiieren, deren allzu hoch gestecktes Ziel es war, jeder Frau als Betroffener ein Klagerecht und Entschädigungsansprüche in Aussicht zu stellen, wenn sie an Pornographie Anstoß genommen hatte. Da Frauen sich noch weniger als Männer für solche Stimulantien, vulgo »Wichsvorlagen«, interessieren und sie infolgedessen auch über keine Kenntnisse verfügten, mußte die Zeitschrift »Emma« dieser Unbildung auf ihren Seiten erst einmal abhelfen. Das ist mehr als ein Paradox, geboren aus der journalistischen Informations- und Aufklärungspflicht und dem Abscheu, den man gleichzeitig dagegen mobilisieren und in Handlungen umsetzen wollte. Es ist nicht das einzige geblieben.

Mußten diese Kampagnen ins Leere laufen und scheitern, weil sie zu hoch ansetzten und eine Restauration der sexualpolitischen Zustände und Zensurpraktiken der Adenauer-Zeit, nun nicht mehr unter der spießigen Ägide abendländischer Wertschöpfer, sondern im Interesse der Emanzipation der Frauen, niemandem mehr plausibel gemacht werden konnten, so haben kleinere Vorhaben mehr Aussicht auf Erfolg. Ja, die breite Koalition, die sich in den Medien und bei allen Parteien inzwischen für Maßnahmen gegen die sexuelle Belästigung im Arbeitsleben und die Strafverschärfung bei erzwungenem Beischlaf in der Ehe gebildet hat, wo bisher nur Nötigung, nicht Vergewaltigung zu ahnden war, könnte einen auf den Gedanken bringen, daß weitere Versuche, die Frauenfrage mit der Methode der Sexualisierung in der öffentlichen Auseinandersetzung präsent zu halten, nicht mehr gemacht werden können.

Davon aber einmal abgesehen, ist die immer subtilere Verrechtlichung aller Lebensbereiche als Mittel der Wahl zur Reform vermutlich nirgends so ungeeignet wie auf dem Gebiet der Sexualität, erst recht, wenn man an der Idee festhalten möchte, daß hier grundlegende menschliche Ausdrucks- und Glücksmöglichkeiten stecken, die nur Individuen realisieren oder versäumen können. Wenn schon Steuergerechtigkeit kaum durchzusetzen ist, so ist das offenbar anvisierte Ziel, Gerechtigkeit in Lebens- und Liebesbeziehungen herzustellen, von vornherein falsch.

Erfahrungen aus den skandinavischen Ländern, die schon länger Gesetze der angestrebten Art haben, zeigen, daß bei gleichbleibendem Anzeigenaufkommen nur die Zahl der Verurteilungen zunimmt beziehungsweise bisher zugenommen hat. Ein Sieg für die Frauensache oder ein Stimmungswandel bei der rächenden Justiz? Die folgende dpa-Meldung über ein deutsches Gerichtsverfahren ist hoffentlich kein Vorbote künftiger Rechtsfindung in Fällen, welche die Gerichte eigentlich nicht beschäftigen sollten:

»Ein 50 Jahre alter Lebensmittelgroßhändler ist in Frankfurt zu acht Jahren Haft verurteilt worden, weil er die Tochter seiner Lebensgefährtin zwischen 1979 und 1987 mehrere hundert Male vergewaltigt hat. Das Landgericht Frankfurt kam nach mehrwöchiger Beweisaufnahme zu dem Schluß, daß die Aussage des Opfers glaubwürdig sei. Nur aus Rücksicht auf die Mutter habe sie über Jahre hinweg geschwiegen. Der Angeklagte hatte den Vorwurf vor Gericht vehement bestritten. Die inzwischen 29jährige sei mit den sexuellen Kontakten einverstanden gewesen, man habe ein ›ganz normales Liebesverhältnis‹ gehabt.«

Ein »normales« Verhältnis knüpfen Männer selten so dicht neben ihrer Hauptbeziehung an, wie hier, wo Mutter und Tochter betroffen sind. Trotzdem kann man nicht glauben, daß die Meldung den ganzen Tatbestand, der dem Urteilsspruch zugrundelag, richtig wiedergegeben hat. Kann man eine zuerst siebzehn, endlich fünfundzwanzig Jahre alte Frau acht Jahre lang vergewaltigen, ohne daß man an eine wie auch immer zu qualifizierende Beziehung zwischen Täter und Opfer denken muß? Daß die Tochter unter den gegebenen Umständen mit den allerschwersten Schuldgefühlen zu kämpfen und von dem Freund der Mutter nur mit Mühe und vermutlich einigem Druck in der Beziehung festgehalten werden konnte – so weit, so unschön. Acht Jahre Haft wegen Vergewaltigung werden mir aber jedenfalls damit nicht plausibel gemacht.

Als das Gericht der Zeugin Glauben schenkte, sie habe der Mutter zuliebe solange geschwiegen, hat es Partei ergriffen, nicht für das Opfer, sondern für die Aufrechterhaltung des status quo in den Geschlechterbeziehungen. Wenn es richtig ist, daß der robuste männliche Sexualtrieb sich allzu gern und allzu leicht über Widerstände der weiblichen Gegenseite hinwegsetzt — so müssen wir fair auf Seiten der Frauen eine ebenso verhängnisvolle Neigung zum Verzicht auf Selbstbestimmung, zur Unterordnung, Anpassung und Verantwortungslosigkeit monieren. Die Überzeugung, daß die physische und noch einmal besonders die sexuelle Integrität ein hohes Gut darstellt, hätte im vorliegenden Fall — wäre ich Richterin gewesen — zur strengen Mahnung an die junge Frau geführt, daß sie ihre Rücksicht auf die Mutter entschieden zu weit getrieben habe . . . Immer vorausgesetzt, dpa habe den Zeitungsleser korrekt informiert.

Ohne daß die Themen vergangener feministischer Kampagnen ganz aus den Medien und der Diskussion verschwunden wären, hätte sich ein Abkühlungs- und Abnützungseffekt wohl nicht vermeiden lassen, wenn nicht zu Beginn der achtziger Jahre neben den Frauen eine neue Opfergruppe aufgetaucht wäre, die sich fast noch besser als diese selbst zur Fortsetzung und Zuspitzung der sexuell zentrierten Emanzipations- und Reformdiskussionen eignete: Das waren die Kinder. Mit einer Verzögerung von zehn Jahren, die der entspricht, mit welcher in den Siebzigern das Problem der mißhandelten Kinder aus den USA importiert wurde, entdeckte man nun auch bei uns das sexuell mißbrauchte Kind. Auch für die Vereinigten Staaten gilt die Formel, mit der sich das Thema bei uns dann durchsetzte: Kindesmißhandlung plus Feminismus gleich sexueller Kindesmißbrauch.

Anders gesagt war in den USA, seit Henry Kempe 1962 das »Battered Child Syndrome« formuliert und damit sozialen Zuständen einen Namen gegeben hatte, eine kleine Wissenschaftsindustrie entstanden, die das Phänomen gewalttätiger Eltern nach allen Richtungen hin untersuchte und entsprechende Einrichtungen zur Abhilfe schuf, Therapiemodelle erprobte, kurzum, das öffentliche Interesse und das öffentliche Geld für eine soziale Krankheit sehr eindrucksvoll zu mobilisieren verstand.

Daß auch falsche Sexualität ein Bestandteil, wenn nicht der wichtigste, dann der schlimmste dieser sozialen Krankheit ist, haben erst feministische Frauen entdeckt. Bei einer Konferenz in New York hielt eine ältere Sozialarbeiterin, es war Florence Rush, den Vortrag, aus dem dann ihr Buch »Das bestgehütete Geheimnis« hervorgehen sollte. Das war am 17. April 1971, und seither hat sich das Thema verbreitet, nach vorn gearbeitet, immer weiter und weiter, bis nicht nur »Bild«, sondern täglich auch das Radio, der Fernseher, die seriöse und weniger seriöse Journaille, der Film und der Buchmarkt sowieso, betroffen waren von Art und Ausmaß sexuell bedingten Kinderleidens in unserer Gesellschaft.

Seit 1982 Berliner Frauen unter dem Namen »Wildwasser« eine Beratungsstelle für vergewaltigte Frauen und Mädchen gegründet haben, ist die Publizität des Themas auch anderswo für die Installation von Hilfsangeboten genutzt worden. In Fortbildungsseminaren der einschlägigen sozialen Berufe holt man früher Versäumtes nach und übt sich in der Identifizierung sexuell mißbrauchter Kinder – je jünger sie sind, desto mehr ist der Psychologe oder die Kindergärtnerin ja auf die eigene Beobachtung angewiesen. Da man herausgefunden hat, daß viele drogensüchtige Frauen und ein hoher Prozentsatz von Prostituierten in der Kindheit sexuell mißbraucht worden ist, liegt auf der Hand, welche Bedeutung der Früherkennung des Mißbrauchs zukommt. In den fünf neuen Bundesländern ist der Nachholbedarf an Aufklärung und praktischen Hilfsangeboten selbstverständlich noch besonders groß. Überhaupt darf man ja keinen Augenblick aus den Augen verlieren, daß neue und bisher sträflich vernachlässigte Probleme von gehöriger gesellschaftlicher Tragweite mehr qualifiziertes Personal, mehr Planstellen in vorhandenen Einrichtungen, kurzum: viel mehr Geld erfordern, das irgendwo herkommen muß . . .

Zu den Mädchen und Frauen als Opfer sind neuerdings, wenn auch noch recht zögerlich, die Jungen getreten. Ihr Anteil scheint doch höher zu liegen, als das feministische Dogma von der Männergewalt gegen Frauen anfangs zu sehen erlaubte. Ja, es gibt auch Frauen, Mütter, die einen Sohn oder eine Tochter als Sexualpartner dressieren. Mit anderen Entdeckungen wird das Thema in Zukunft noch abgerundet werden –

Sensationen sind jetzt aber keine mehr zu erwarten. Der Tabubruch als Methode hat ausgedient, wenn er denn je Methode und nicht der Inhalt selbst war.

Mir ist längst nicht mehr zweifelhaft, daß eine moderne und liberale Gesellschaft noch durch Tabubrüche aufgeklärt und zu mehr Sorgfalt und Humanität im Umgang mit bisher vernachlässigten Mitgliedern gebracht werden könnte. Tabubruch ist eine Geste, eine pathetische Attitüde im besten Fall, sonst das tägliche Brot der Mediengesellschaft, wo mit harten Bandagen um Redezeit und um Aufmerksamkeit gekämpft wird. Der durchschlagende Erfolg eines so alptraumhaften Themas wie Kindesmißbrauch ist also weiter gar nicht verwunderlich; denn die Strategie der Sexualisierung, die Frauen eingeschlagen haben, um ihre Emanzipationsdefizite präsent zu halten, Unzufriedenheit zu artikulieren, ist dort, aus anderen Beweggründen, schon immer ein Mittel der Wahl gewesen.

2. Vom Zaubern mit Zahlen und noch mehr Tricks

Die allzu erfolgreiche Liaison zwischen der Aufklärung über den Kindesmißbrauch und den Medien, die auf sex and crime als liebsten Tabubruch abonniert sind, hat auch bei denen Bedenken erregt, die davon überzeugt sind, daß die Kampagne an sich notwendig und hilfreich ist. Die Absetzbewegung der Guten von denen, die bloß Mißbrauch mit dem Mißbrauch treiben, ist aber schwer zu bewerkstelligen, eigentlich ganz unmöglich. Man kann eben anderen die verharmlosende Skandalisierung von Einzelfällen oder die Spekulation auf den Voyeurismus nur dann ankreiden, wenn man selbst es besser macht — und das ist nie geschehen.

Von Anfang an lebte die Kampagne vom Comingout von Frauen, die als Kinder Opfer geworden waren, bei Zusammenkünften, die religiösen Erweckungsversammlungen nicht unähnlich waren — mit dem Unterschied allerdings, daß keine erweckten Sünderinnen aufstanden, um zu bekennen und sich der Gnade Gottes anheimzugeben, sondern umgekehrt, um als Märtyrerinnen der Männergewalt bei uns bisher Ahnungslosen Nachfolgewünsche zu inspirieren. Wer seine

Wunden zeigt, gewinnt dadurch eine Überlegenheit, die Sinn und Verstand außer Funktion setzt. Ob das der Aufklärung über ein angeblich so alltägliches Übel wie den sexuellen Mißbrauch von Kindern in Familien oder nicht bloß der Sektenbildung Vorschub leistet, bezweifle ich nicht. Lassen wir den Erlebnisbericht der »Brigitte«-Chefredakteurin aus dem Jahr 1983 auf uns wirken:

»In dem vollbesetzten Versammlungsraum ist minutenlang kein Laut zu hören. Die Stille wurde so qualvoll, daß ich erst nach einer ganzen Weile wage, mich zu der Frau umzudrehen, die zuletzt gesprochen hat. Mitten im Satz hat ihr die Stimme nicht mehr gehorcht, ist untergegangen in verzweifeltem Schluchzen. Ihr Vater hat sie, als sie noch ein Kind war, jahrelang sexuell mißbraucht. Niemandem konnte sie sich anvertrauen, mit niemandem reden über das, was sie empfand . . . In der Menge der annähernd hundertfünzig Frauen im Berliner Mehringhof mache ich schließlich das kreidebleiche Gesicht der jungen Frau aus, die hier zum ersten Mal öffentlich über das Elend ihres vom Vater zugrundegerichteten Lebens gesprochen hat. Niemand nimmt sie in den Arm, tröstet sie. Noch beim Herumblicken wird mir klar, warum: Da sind zu viele andere Frauen, die wie gelähmt vor Schreck über das Wiedererkennen der eigenen traurigen Kindheit auf ihren Stühlen sitzen . . . Viele Gesichter sind tränenüberströmt. Als die Stille allmählich weicht und eine Frau nach der anderen das Wort ergreift, wird deutlich: Das Weinen hatte nicht nur mit

Bitterkeit und uralter Wut zu tun. Es war auch Erleichterung darin, endlich nicht mehr schweigen zu müssen, endlich sich nicht mehr ausgestoßen und abartig fühlen zu müssen ...«

Man muß nicht daran zweifeln, daß hier ein echtes Opfer aufgetreten ist und Anklage erhoben hat, eines, das zu Recht auf unser Mitgefühl und unseren Zuspruch hofft, um nicht den theatralischen Zuschnitt der Veranstaltung inklusive der kathartischen Begleiterscheinungen zu bemerken und eher sonderbar zu finden. Ich glaube, daß die reglose Stille der Zuhörerinnen nach dem Auftritt der einen aus ihrer Mitte nichts mit dem Wiedererkennen der »eigenen traurigen Kindheit« zu tun hatte, wie die Beobachterin meint, sondern ganz im Gegenteil, mit dem Eintauchen in den Glauben, daß das Unwahrscheinliche und Unausdenkbare wirklich und wahr ist. Gerade weil sexuelle Gewalt gegen Kinder und gar der Inzest in Familien keine alltäglichen Ereignisse sind, muß Zeugnis abgelegt werden, geredet und schließlich – geglaubt werden.

Die Mission mit Märtyrerinnen, die heute natürlich Betroffene heißen, braucht erwachsene Frauen. Ihre Geschichten ähneln in ihrer Eintönigkeit Litaneien, in denen immer dasselbe gesagt wird. Ob das in der Natur der Sache oder im Zwang liegt, die feministischen Vorgaben zu erfüllen, dem Schema von Täter/Opfer, Macht/Ohnmacht, Schuld/Unschuld, Reden/Schweigen undsoweiterundsofort gerecht zu werden, sei dahingestellt. Männer, die als Jungen sexuell mißbraucht worden sind, sprechen merklich persönlicher über ihre

Erinnerungen, nuancierter, und was die sexuellen Erlebnisse betrifft, oft auch merklich ambivalent. Der melodramatische Titel »Verlorene Kindheit«, den Nele Glöer und Irmgard Schmiedeskamp 1990 ihren Interviews mit männlichen Betroffenen gegeben haben, trägt dieser lebensnahen Uneinheitlichkeit keine Rechnung.

In Fällen, wo Selbstzeugnisse nicht zu haben sind, bedient man sich, um gebührend Schrecken und Angst zu verbreiten, der Methode des empathischen Voyeurismus. Von der Boulevardpresse kann man sich dabei fast nur durch das Vorzeichen, den irgendwie kontextuell erbrachten oder erdachten Nachweis der richtigen Gesinnung unterscheiden – kaum durch die Sache selbst. »Während Sie jetzt anfangen zu lesen« – so machte »Bild« seine Leser zu Zeugen – »macht sich gerade ein Mann über ein Kind her. Irgendwo hinter einer Tür zieht er es aus und entblößt dann sich selber. Gleich wird er es mißbrauchen. Das Kind wird den Kopf wegdrehen und wimmern: ›Papa, nicht, du tust mir weh.‹ Und der Mann wird sagen: ›Was ist denn? Ich tu dir doch nichts. Ich bin doch dein Vater‹. Das Kind wird apathisch den Körper hinhalten, und der Mann wird sagen: ›Nun sei schon lieb, sonst setzt es was.‹«

Die kitzlige Kongruenz von Lese- mit Ereigniszeit in diesem widerlichen Falle, geht wohl auf Kosten des spekulativen Voyeurismus, aber ist die anderswo implizierte Anregung, alle drei Minuten auf die Uhr zu sehen, weil dann wieder ein Mädchen mißbraucht wird, aufklärender und sachdienlicher? Die zwei Kommentatorinnen der »taz« haben das Dilemma erkannt, mit dem gewissenhafte Journalistinnen leben müssen:

»Die Berichterstattung über sexuellen Mißbrauch ist eine Gratwanderung. Ein Bericht, in dem die Taten nur mit dem Begriff Mißbrauch umschrieben werden, verharmlost die Realität. Eine ungeschminkte Schilderung der Tatsachen zwingt zum Hinsehen. Denn das, was in den Familien täglich geschieht, können sich die wenigsten vorstellen. Allerdings kann die Darstellung eben solcher Tatsachen auch als Wichsvorlage mißbraucht werden.« Das könnte man wohl als politisch völlig unerheblich riskieren; denn für die Auswahl solcher Vorlagen ist sowieso niemand verantwortlich, sie sind rein privat – erheblich ist dagegen der Effekt, auf den in solchen Fällen eine »ungeschminkte Schilderung der Tatsachen« aus ist: das ist die Parteilichkeit, die Identifikation mit dem Opfer, einem Kind.

Das scheint moralisch einerseits korrekt, wie es andererseits einfach und selbstverständlich ist, so daß es sich später noch einmal lohnen wird, nachzufragen. Hier kommt es nur darauf an, die Funktion zu erkennen, die der empathische Voyeurismus der Berichterstattung in diesen Fällen hat. Mit der detaillierten Schilderung, nicht der Fälle überhaupt, sondern ausschnitthaft und isoliert der sexuellen Gewalttat, soll das Glaubwürdigkeitsdefizit gedeckt werden, gegen das der neue Notstand ankämpfen muß. Dieses Ziel ist erreicht, wenn die beim Leser oder Hörer losgetretene Affektlawine mit dem Entschluß zum Stillstand kommt: Das darf doch nicht wahr sein! Gewöhnlich ist das die Stunde der simplen Antworten, einfachen Lösungen und des Aktionismus.

Wo von szenischen Schilderungen abgesehen wird, sorgen Auszüge aus Obduktionsberichten für Schocks und jene unerträgliche Hilflosigkeit bei uns, die manchen dann für fremde Führung so anfällig und geradezu dankbar macht. Daß es sich bei solchen Ausflügen in die Gerichtsmedizin und andere Expertenwelten um ein rhetorisches Mittel, nicht um die Mitteilung wichtiger Informationen handelt, belegt die folgende, seit 1970 wandernde Vignette vom sexuellen Mißbrauch von Mädchen. Vor einer amerikanischen Regierungskommission, welche die Auswirkungen der Pornographie untersuchen sollte, schilderte ein ungenannter Arzt ihre Folgen aus seiner Sicht so:

»Ich habe in letzter Zeit in der Gynäkologie und Geburtshilfe gearbeitet. Was sich dort abspielt, ist äußerst erschreckend. Die Stationen und Krankenzimmer sind voll junger Mädchen ... Sie sind innen zerfetzt. Die Reparaturarbeit, die wir leisten, spottet jeder Beschreibung. Diese Mädchen sind allen erdenklichen Arten von sexuellem Mißbrauch ausgesetzt worden. Früher pflegten Ärzte derart zugerichtete Prostituierte zu behandeln, aber heute müssen wir junge Mädchen aus den besten Familien behandeln ...« Genau so teilt Florence Rush in ihrem Buch zehn Jahre später uns die Zustände noch einmal mit, als handele es sich nicht um einen subjektiven Eindruck, sondern um Tatsachen, die für sich selbst sprechen. 1988 wärmt Barbara Kavemann die Meinungsäußerung des Arztes erneut so eindrücklich auf, daß die Besucherin ihres Fortbildungsseminars das Zitat fast wörtlich protokolliert, offenbar überzeugt, daß es sich um eine aktuelle Meldung von der amerikanischen Szene handelt, die uns ja immer einen gewissen Vorgeschmack später auch bei uns eintreffender Ereignisse verspricht. Eine Vignette informiert nicht, sie muß nicht wahr sein – sie muß an ihren Ort passen. Deshalb ersetzt die Protokollantin der »Süddeutschen Zeitung« die »jungen Mädchen« im Original durch die »kleinen«: »Früher behandelten wir Prostituierte, heute vor allem kleine Mädchen aus den besten Familien.« Aus diesem Versprecher spricht nun nicht die deutsche Kinderliebe, sondern bloß der Zeitgeist, der uns seit 1970 den Paradigmenwechsel von der Gewalt zur gewalttätigen Sexualität in Familienbeziehungen gebracht hat. Darüber hinaus lehrt das Beispiel, daß die Welt aus der Sicht des Spezialisten dann, wenn es sich um Lebensfragen handelt, nicht besser und richtiger ist als jede andere Froschperspektive auch.

Eine weitere Methode, mit der der Kindesmißbrauch zu einem gewissermaßen anerkannten gesellschaftlichen Problem gemacht werden konnte, ist das Zählen und Rechnen. Was je gezählt wurde, ist schleierhaft; daß jede Zahl mit einer ebenso rätselhaften Dunkelziffer unterlegt und damit wieder ungenau, andererseits aber auch höher und bedrohlicher wurde, weist diese Methode als magisch aus. Mit Zahlen wird gezaubert. Wer annimmt, daß das plötzlich auftauchende Interesse zuerst für die Mißhandlung, dann den sexuellen Mißbrauch von Kindern auf die statistisch nachweisbare und besorgniserregende Zunahme dieser Verbrechen zurückzuführen ist, täuscht sich gründlich.

Auf den ersten Blick könnte es sogar so aussehen, als ob das Gegenteil der Fall gewesen wäre: Von 1973 bis 1984 hat die Zahl der polizeistatistisch erfaßten Verstöße gegen Paragraph 176 StGB (sexueller Mißbrauch von Kindern unter vierzehn Jahren) von 15 566 auf 10 589 ganz kontinuierlich abgenommen. Über die Gründe kann ich kaum mutmaßen, wundere mich aber sehr, daß niemandem diese Entwicklung aufgefallen ist und keiner darüber nachgedacht hat. Ist der Mißbrauch ins Ausland verlegt worden – Stichwort: Kinderprostitution in der 3. Welt oder Sextourismus dorthin? Sind Sexualtriebe medial transformiert worden und in Pornoshops und Videotheken zum Zuge gekommen? Oder was?

Michael S. Honig hat richtig auf den seltsamen Umstand hingewiesen, daß auch die feministischen Kampagnen gegen Männergewalt in dem Moment auftraten, wo ein neues Familienrecht die Reste patriarchaler Verfügungsgewalt beseitigt hatte. Natürlich kann man von der Tatsache, daß Normen rechtlich fixiert sind, noch nicht auf ihre Geltung im Leben schließen, schon gar nicht auf ihre hundertprozentige Erfüllung – einige Auswirkungen auf die Formulierung der Emanzipationsziele unter den veränderten Bedingungen hätte ich aber schon erwartet. Stattdessen wird eine moralische Panik geschürt, indem man suggeriert, daß Frauen und

Kinder immer schon und immer noch recht- und hilflos, letztlich Freiwild für gewissenlose, macht- und sexsüchtige Männer sind. Die Aufhebung aller vormundschaftlichen Regelungen zugunsten der Gleichstellung der Geschlechter erlaubt es aber irgendwann einfach niemandem mehr, Forderungen für die Frauenseite mit Schuldsprüchen für die Männerseite quasi zu legitimieren. Unweigerlich kommt der historische Zeitpunkt, wo nur noch Selbsterforschung oder gar Selbstkritik weiterhelfen können.

Ein von Kavemann & Lohstöter in ihrem Buch »Väter als Täter« konstruiertes, von mir destruiertes Beispiel, mag zeigen, um welche Optionen es hier für die Frauen geht. Mit einem Blick auf die Bestimmungen des Strafgesetzbuches warnen sie: »Da die Vorschriften kompliziert und vielfältig aussehen, entsteht leicht der Eindruck, der den Mädchen gewährte Schutz vor sexueller Gewalt sei lückenlos. Bei näherem Hinsehen erweist sich dieser Schutz allerdings als unvollständig: Beispielsweise ist ein Mädchen bei der heute bestehenden extremen Jugendarbeitslosigkeit und dem Mangel an Ausbildungsplätzen, gleichgültig, ob sie 15, 17 oder 19 Jahre alt ist, verstärkt der Autorität des Lehrherrn ausgesetzt und von dessen Wohlwollen abhängig. Bei der bestehenden Gesetzeslage bleibt der Lehrherr, der den Geschlechtsverkehr mit der Androhung des Verlustes des Arbeitsplatzes erzwingt, auf alle Fälle dann straffrei, wenn die Auszubildende 19 Jahre alt ist. Ist sie erst 17, bleibt der Lehrherr straffrei, wenn die Drohung nicht wortwörtlich erfolgte, sondern lediglich in bestimmten Verhaltensweisen mitschwang. Ein lückenloser Schutz von Mädchen und Frauen ist nur dann gewährleistet, wenn alle sexuellen Handlungen ohne Differenzierungen und Ausnahmen unter Strafe gestellt werden, sobald sie gegen den Willen und bei Vorliegen eines Abhängigkeitsverhältnisses erfolgen.«

Welches Frauenbild legen die Autorinnen in ihrem Beispiel zugrunde? Ein, vorsichtig ausgedrückt, recht archaisches. Es beginnt mit der Verwischung des Unterschieds von Strafrechtsbestimmungen mit Schutzgarantien, wie sie zu feudalen und patriarchalen Herrschaftssystemen gehören. Der neunzehnjährige Lehrling, der die Übernahme in ein reguläres Arbeitsverhältnis erstrebt und sich deshalb zum Beischlaf erpressen läßt, dem fehlt es an vielem, aber nicht an der Möglichkeit zur Selbstbestimmung in sexueller Hinsicht. Daß er sie nicht oder anders wahrnimmt als wir es uns von einer moralisch integren Person vorstellen, das steht auf einem anderen Blatt. Keine moderne Gesellschaft erspart ihren erwachsenen Mitgliedern solche und ähnliche Entscheidungen, warum sollen Frauen, die historisch spät politisch handlungsfähig wurden, davon ausgenommen werden?

Deshalb ist es auch abwegig, grundsätzlich alle erwachsenen Frauen in »Abhängigkeits-«, sprich fast allen Arbeitsverhältnissen heute, noch einmal besonders unter Kuratel zu stellen. Das ist, mit dem Blick auf Tarifbestimmungen und Arbeitsrecht, nicht nur lebensfremd, sondern verkennt auch, daß im »lückenlosen Schutz« Mündel und keine Individuen gedeihen, die bei so schönen rechtlichen Konstruktionen wie der »sexuellen Selbstbestimmung« doch immer vorausgesetzt werden.

Das Recht ist aber nicht nur defizitär, vor allem ist es wirkungs- und bedeutungslos, wie ein Blick auf die Zahlen und Zustände zu beweisen scheint. Woher kommen die Zahlen und warum sind sie bei der Meinungsbildung so effektiv? Grundlage der meisten Schätzungen in der alten Bundesrepublik sind die Forschungen von Michael C. Baurmann, 1983 durchgeführt im Auftrag des Bundeskriminalamtes in Wiesbaden. Ohne jetzt meinerseits Lesarten anzubieten, stelle ich hier fest, daß alle, die sich auf ihn berufen, zu etwas anderen Ergebnissen kommen oder ihre Ergebnisse nach einiger Zeit abgeändert haben, getreu der alten Weisheit: Glaube keiner Statistik, die du nicht selbst gefälscht hast.

Die jüngste veröffentlichte Zahl stammt vom Deutschen Kinderschutzbund und fällt völlig aus dem Rahmen. Er gibt die Zahl von Kindern, die im Bundesgebiet im Jahr 1991 voraussichtlich von Eltern, Bekannten, Freunden oder Fremden sexuell bedrängt oder genötigt werden, mit geschätzten 80 000 an. Die Angabe einer so niedrigen Zahl grenzt fast an Selbstschädigung, wenn man bedenkt, daß die Größe einer Organisation sich an der Größe ihrer Aufgabe mißt. Dazu kommt, daß andere seit Jahren höhere Zahlen bieten und selbst die Bundesregierung unter dem Druck der Kampagne oder von neuen Einsichten, die uns noch vorenthalten werden, von ihren konservativeren Schätzungen im Jahr 1985 abgerückt ist, und zum Zeichen des guten Willens und des Engagements nachgebessert hat.

Damals, im Jahr 1985, reagierte sie auf eine Große Anfrage der Fraktion der Grünen aus dem Jahr zuvor. Aus der Antwort geht einiges hervor, das gegen den erregten Zeitgeist in Sachen sexueller Mißbrauch von Kindern zu bemerken lohnt. Die Polizeistatistik macht keine Angaben über Verstöße gegen Paragraph 173 StGB (Inzest), Paragraph 174 StGB (Mißbrauch von Schutzbefohlenen) und Paragraph 179 StGB (Mißbrauch Widerstandsunfähiger). Offenbar ist das Anzeigenaufkommen hier zu gering. Auf das rätselhafte Absinken der Verstöße gegen den Paragraph 176 StGB von 1973 bis 1984 habe ich schon hingewiesen.

Wie bei allen Vergehen und Verbrechen ist natürlich auch bei solchen gegen die sexuelle Selbstbestimmung mit einer Dunkelziffer zu rechnen. 1985 ging die Bundesregierung unter Verweis auf die zahlreich vorliegenden Forschungen von einer Hell-/Dunkelfeld-Relation von eins zu acht bis eins zu fünfzehn aus. Solche Schwankungsbreite anzunehmen ist wohl die vornehme Form, in klaren Zahlen Unwissenheit und Unsicherheit auszudrücken, ohne uns dadurch zu ängstigen und die Inkompetenz der Ämter vor irgendeinem Problem einzuräumen. 1987 hatte sich, jedenfalls für das Bundesministerium für Gesundheit, nicht die Zahl der statistisch erfaßten Opfer, wohl aber die Hell-/Dunkelfeldrelation nicht bloß vereindeutigt, sondern auch erhöht, auf eins zu zwanzig.

Damit war man bei der Zahl 210 000 angelangt. Es

fehlten aber immer noch 90 000, mit deren Hilfe die Bundesbehörden und Ministerien den Anschluß an eine Zahl fanden, die endlich seit 1988 allgemein die Szene beherrscht. Diese Zahl gilt ganz unabhängig von der Polizeistatistik und der Dunkelziffer. Die Zahl 300 000 ist eine Metapher für den sexuellen Mißbrauch geworden, wie die elftausend Jungfrauen, welche die Heilige Ursula auf ihrem Weg in die Ehe mit einem Heiden begleitet und vor Köln niedergemetzelt worden sein sollen, mit dieser Pseudopräzisionszahl auch für etwas stehen und nicht wörtlich genommen werden wollen.

»Sexueller Mißbrauch nimmt zu. Bonn(dpa) – Die Zahl der polizeilich registrierten Fälle von sexuellem Mißbrauch an Kindern ist 1988 um 13,1 % auf mehr als 13 000 gestiegen. Doch wird die tatsächliche Zahl auf bis zu 300 000 im Jahr geschätzt, teilte das Bundesfamilienministerium in Bonn mit . . .« Daß die Zahl der mißbrauchten Kinder um 13,1 Prozent zugenommen hat, könnte manchen beunruhigen. Ihm wird aber durch die Dezimalstelle signalisiert, daß höheren Orts alles unter Kontrolle ist. Niemand weiß mehr, daß 1973 die Polizeistatistik sogar 15 566 kindliche Opfer nach Paragraph 176 StGB verzeichnet hat.

Zum ersten Mal taucht die Zahl von 300 000 mißbrauchten Kindern bei Kavemann & Lohstöter auf. Wie sind sie darauf gekommen? Auch sie berufen sich auf Baurmann, außerdem aber auch auf ungenannte repräsentative Untersuchungen, in denen erwachsene Frauen nach sexuellen Übergriffen in ihrer Kindheit und Jugend befragt wurden. Sie verwirren das Bild von vornherein, da sie nicht von Kindern (bis vierzehn Jahren) sondern Mädchen (bis achtzehn Jahren) reden. »Dabei wurde eine Dunkelziffer von 1:18 bis 1:20 errechnet, das heißt, daß von 18 bis 20 sexuellen Gewalttaten an Mädchen nur eine einzige der Polizei angezeigt wird ... Wenn wir jetzt die offizielle Zahl der 1980 beziehungsweise 1981 angezeigten Fälle von Kindesmißbrauch und Vergewaltigung und sexueller Nötigung von Mädchen unter 18 Jahren mit der errechneten Dunkelziffer multiplizieren, ergibt sich, daß schätzungsweise jährlich 300 000 Kinder sexuell mißbraucht werden. Davon sind mindestens 250 000 Mädchen — etwa alle drei Minuten eine. Untersuchungen in den USA kamen zu dem Ergebnis, daß jede vierte Frau als Kind von sexueller Gewalt betroffen war.«

Kinder oder Mädchen, sexuelle Übergriffe oder sexuelle Gewalttat — wer durchschaut diese Gedanken- und Rechenkünste überhaupt noch? Unterstellt, die Zahl 300 000 sei realistisch, was besagt sie? Wer kennt denn die Gesamtzahl der Kinder/Mädchen bis achtzehn Jahre? Und wer weiß, was sich hinter einem Fall alles verbergen kann? Verstöße gegen den Paragraphen 176 StGB umfassen exhibitionistische Akte ebenso wie Vergewaltigung; einmalige Übergriffe auf ein Kind wie chronischen Mißbrauch in einer inzestuösen Familie. Man kann bezweifeln, daß das Zusammenrühren der unterschiedlichsten Delikte und Altersgruppen überhaupt einen Sinn macht, es sei denn den einen, die sexuelle Gefahr überwältigend groß und allgegenwärtig zu machen. Mit scheinbar sicheren Zahlen wird der

Laie also nicht informiert und über Tatbestände aufgeklärt, sondern manipuliert. Ob aus Naivität oder aus
taktischen Gründen, weil der höhere Zweck der Kampagne die Mittel heiligt, ist dabei völlig gleichgültig.
Alle Zahlen sind Fiktionen und machen uns mit ihrer
Pseudorationalität anfällig für eine ganz und gar phantastische Welt, in der die Sexualität der Feind Nummer
eins im Leben der Kinder (und Frauen) ist.

Ohne daß die Tricks mit Zeit, Zahlen und Experten
oder die Appelle an die Imagination des Lesers grundsätzlich andere wären, beherrscht die Boulevardpresse
sie aus langer Übung natürlich besser, so daß in ihrer
Überbietung der märchenhaft-mythologische Drall
dieser sogenannten Aufklärung über einen alltäglichen
Übelstand unübersehbar wird. So rechnete »Bild« am
28. 8. 1990: »Das verschwiegene, schreckliche Drama
von nebenan. 300 000 von den 10 Millionen Kindern
bei uns werden ständig sexuell mißbraucht. (Zahlen
über die DDR liegen nicht vor.) Manche Experten
schätzen, die Dunkelziffer ist mindestens viermal so
hoch. 1,2 Millionen – jedes achte Kind. Das sind 1
Million betroffene Mädchen und 200 000 Jungs. Wür-
den sie alle durch Ihre Alpträume laufen – es blickte Sie
alle 30 Sekunden eins der geschändeten kleinen Mädchen an. Alle dreißig Sekunden eins. Tag und Nacht.
Und alle zwei Minuten zusätzlich ein Junge. Über die
Hälfte dieser Kinder wird jahrelang mißbraucht, viele
mehrmals die Woche . . .«

Nur auf den ersten Blick sind diese hohen Zahlen aus
spekulativen, reißerischen Gründen aus der Luft ge-

griffen, bei näherem Zusehen entpuppen sie sich als logische Extrapolation aus allen Angaben, die sich schon bei Kavemann & Lohstöter finden lassen. Bei diesen ist zwar in der Zahl von 300 000 Opfern jährlich auch die Dunkelziffer schon berücksichtigt, so daß man glauben könnte, »Bild« habe eine ohnehin dubiose Zahl willkürlich weiter erhöht – dem ist aber nicht so. Wie erinnerlich, beenden die Berliner Expertinnen ihre Zahlendarstellungen mit dem Hinweis auf amerikanische Untersuchungen, denen zufolge jede vierte Frau als Kind von sexueller Gewalt betroffen gewesen sein soll. Damit entwerten sie nicht nur ihre halbwegs durchsichtigen Überlegungen zur Polizeistatistik und der Hell-/Dunkelfeldrelation durch einen Wechsel der Bezugsgröße, sondern legen »Bild« auch nahe, unter Einbeziehung dieser neuen Angabe, eine viel höhere Opferzahl zu erwirtschaften. Es kommt aber nicht nur auf die hohe Zahl der Opfer an, sondern auch darauf, alle im Spiel befindlichen Zahlen miteinander zu verknüpfen und die Pseudorationalität der Rechnung vollständig durchzugestalten. »Bild« unterscheidet sich von sogenannten Experten nicht durch die Bereitschaft zur Manipulation, gar Lüge, sondern durch den Entschluß zum rechnerischen Exzeß dort, wo andere vornehm insinuieren.

Trotzdem erreicht auch »Bild« die Zahl von 1,2 Millionen kindlicher Opfer nur, weil man hie und da fünf gerade sein läßt. Aber Dezimalbrüche und andere Pedanterien sind schließlich Sache der Verantwortlichen in Ämtern und Behörden, nicht derer, die einen gesellschaftlichen Notstand überhaupt erst ins Gespräch bringen wollen. Dazu braucht man nicht nur hohe, sondern auch runde Zahlen, solche, die man sich merken kann. Deshalb haben wohl Kavemann & Lohstöter auch der Zahl drei vor anderen den Vorzug gegeben: 300 000 Opfer, alle drei Minuten ein Mädchen ... Der Zahl drei kommt wie etwa auch der Sieben in »Sieben Zwerge«, »Sieben Todsünden«, »Sieben Weltwunder« eine märchenhaft-mythische Wahrheit zu, auf die man ungern verzichtet. Drei Wünsche hat man im Märchen frei, drei Aufgaben hat der Held zu lösen, Dreieinig- und Dreifaltigkeit sind nicht zu verstehen und werden im Modus des Glaubens akzeptiert. Ich habe also nachgerechnet, ob es stimmt, daß wirklich alle drei Minuten ein Mädchen Opfer wird, – und herausgefunden, daß – vorausgesetzt, man billigt den rastlosen Tätern nicht nächtliche Ruhepausen zu – der Zweiminutentakt der Wahrheit näher kommt. Wiederum vorausgesetzt, daß 250 000 Mädchen unter achtzehn die korrekt geschätzten Opfer sind ... Vor der rechnerischen Genauigkeit gebührt aber der märchenhaft-mythischen Wahrheit der Dreizahl der Vorzug.

Zurück zur Fortsetzung der Expertenarbeit durch »Bild«. Durch gründliches Nachdenken hat sich mir das Rätsel der 1,2 Millionen Opfer dort enthüllt: »Bild« geht von zehn Millionen deutscher Kinder aus. Davon sind erfahrungsgemäß etwa die Hälfte Mädchen; die Relation der weiblichen zu den männlichen Opfern wird mit fünf zu eins angesetzt; andererseits soll ja jede vierte Frau als Kind mißbraucht worden sein, und die Zahl 300 000 ist ein Topos des Themas, auf das der Leser Anspruch hat. Der vernünftige Kompromiß, den »Bild« hier findet, ist die Vervierfachung der Zahl 300 000, wodurch die Mädchen gebührend bedacht, die Lesererwartung erfüllt und die noch katastrophalere Zahl von rechnerisch zu vermutenden 1,5 Millionen deutscher Kinder als Opfer ihrer »Väter, Großväter, Stiefväter, Onkel, Nachbarn und Brüder« unterboten wird.

Es reicht nicht, sich gegenüber solchen Zahlen-kunststücken mit grundsätzlicher Skepsis zu wappnen; denn auch seriösere, wenn es sie denn gäbe, ersparten uns nicht die Aufgabe, den Maßstab zu prüfen, welcher der ganzen Zählerei zugrundegelegt wird. Es macht keinen Sinn, gerade wenn man an die Interessen der Kinder denkt, alle Szenen in einen Topf zu werfen, in denen Kinder mit erwachsener Sexualität konfrontiert werden. Die Art der Handlung und die Beziehung zum Täter resultieren in einer solchen Vielfalt von sexuellen Vorfällen, daß nur der schiere Dogmatismus sie unter der scheinobjektiven Überschrift »sexueller Miß-brauch« subsumieren kann. Der Blick auf das Straf-recht hilft hier nicht wirklich weiter; denn es enthält zwar Maßstäbe – diese können aber nur dann wirklich messen, wenn das Opfer oder sein Vormund sie über-nehmen und außerdem der Strafverfolgung den Vorzug vor der anderweitigen Regelung geben will.

Das gilt zwar generell, aber verstärkt dann, wenn die eigene Intimsphäre berührt wird und es um Sexualität geht, einem Terrain, auf dem niemand sicher und souverän sich je bewegen kann, wie aufgeklärt er auch sein mag. Kinderschützer vergangener Tage haben diese Unsicherheit durch eine rigorose Moral, feministische Aufklärer durch den Entschluß zum Manichäismus übertönt. Von unstrittigen Fällen abgesehen, über die sich alle schnell einigen können, wissen wir nicht, was sexueller Mißbrauch wirklich ist. Im oft beschworenen Dunkelfeld, das uns so große Sorgen macht, verstecken sich, anders gesagt, nicht nur Fälle, die vor den Kadi, Kinder die gerettet werden müssen, dort bewegen sich auch jene, die einiges zu erzählen haben, sich aber dann darüber wundern, daß es die Prosa der sexuellen Gewalt war, die ihnen so natürlich von den Lippen geflossen sein soll.

Jede vierte Amerikanerin sei als Kind Opfer sexueller Gewalt gewesen – von dieser Rechnung war schon öfter die Rede. Sie geht auf Florence Rush zurück, die sich ihrerseits auf Kinsey und David Finkelhor beruft, einen jüngeren, auf Kindesmißhandlung und -mißbrauch spezialisierten Forscher. Die Untersuchung von Kinsey ist die wichtigere, weil ihr eine gewisse Repräsentativität zugesprochen wird, die Finkelhor und andere nach ihm mit ihren Befragungen nicht besitzen.

Kinseys Ergebnisse wurden 1953 im Kinsey-Report über »Das sexuelle Verhalten der Frau« veröffentlicht, und jeder kann das einschlägige Kapitel über »Sexualerlebnisse vor der Pubertät mit erwachsenen Männern« in der deutschen Ausgabe von 1970 bequem nachlesen. Tatsächlich hat Kinsey herausgefunden, daß ein Viertel der Frauen vor ihrem dreizehnten Lebensjahr ein sexuelles Erlebnis mit einem Mann von mindestens achtzehn Jahren gehabt hat. Als Pionier der Sexualforschung spricht er wohlweislich von »Erlebnis«, nicht gleich von Mißbrauch wie jene, die sich auf ihn berufen. Von diesem Viertel wiederum hatten achtzig Prozent nur ein einziges Mal ein solches »Erlebnis«, weitere zwölf Prozent zweimal, drei Prozent drei- bis sechsmal und fünf Prozent neunmal und öfter. Kinsey gibt dann nicht nur ein differenziertes Bild der Vorfälle im einzelnen nach Art der Handlung und Status des Täters, sondern versucht auch, ein genaues Bild von der Reaktion der Kinder zu zeichnen. Die Bandbreite ist groß und reicht von Neugier und Interesse bis zum schieren Entsetzen. Achtzig Prozent der Kinder waren durch den Kontakt emotionell verstört und geängstigt, die allermeisten aber nur vorübergehend. Wie es sich für einen kritischen Sexualforscher gehört, sind ihm aber alle seine Daten keine Offenbarungen, sondern bieten Anlässe, weiterzufragen.

Die abschließenden Überlegungen zeigen, durch welche Abgründe Kinsey von denen getrennt ist, die ihre phantastischen Konstruktionen auf seine soliden Forschungen stützen wollen. »Wenn das Kind nicht kulturell geprägt wäre«, heißt es da, »ist es zweifelhaft, ob es durch die sexuellen Annäherungen überhaupt gestört würde. Es ist schwer zu verstehen, warum ein Kind darüber verstört sein sollte, daß man seine Genitalien berührt, oder daß es die Genitalien anderer Personen zu sehen bekommt und sogar, daß es durch spezifisch sexuelle Akte verstört sein sollte – es sei denn auf Grund kultureller Prägung... Einige erfahrene Jugendkundler sind zu der Überzeugung gekommen, daß die emotionalen Reaktionen der Eltern, der Polizeibeamten und anderer Erwachsener, die den Fall entdecken, das Kind seelisch mehr schädigen, als es die Sexualakte selbst tun. Die ständige Hysterie über Sexualvergehen kann sehr wohl ernste Auswirkungen auf die spätere sexuelle Anpassungsfähigkeit vieler dieser Kinder haben.«

Vom hoffnungsvollen Vertrauen in die letztlich gute Natur der menschlichen Sexualität bei Kinsey selbst da, wo es um strafrechtlich sanktionierte und kulturell tabuierte Kontakte zwischen Kindern und Erwachsenen geht, ist heute nichts mehr übrig geblieben. In welchen Katastrophen, ist man versucht zu fragen, ist es eigentlich untergegangen? Oder ist das frische Selbstbewußtsein der Frauen daran schuld, das sich gegenwärtig in wilden Anklagen Luft machen muß, als ob es gälte, quasi zeitversetzt, sich für die unfreiwillige Bravheit von gestern zu entschädigen?

Öfter fühlt man sich durch Tonfall und Gedankenführung in eine archaisch anmutende Welt, eine menschliche Steinzeit entführt, die so gar nicht zu den Verhältnissen paßt, in denen man sich täglich bewegt. Ich zumindest und der eingangs zitierte Theaterkritiker Höbel, der vom Inzest auch bloß aus hunderten von Medienberichten weiß und nun nicht mehr umhin kann, das Ganze für einen gesellschaftlichen Notstand zu halten... »Kinder werden noch so lange sexuell mißhandelt«, schreiben die Kommentatorinnen der »taz«, »wie Männer Macht über und Gewalt gegen Frauen und Familien ausüben können«.

Die undifferenzierte Rede vom »sexuellen Mißbrauch« als einem objektivierten Übel, einer anerkannten sozialen Krankheit, treibt einerseits die Opferzahlen in die Höhe, verhindert aber andererseits nicht, daß je länger je mehr, im öffentlichen Bewußtsein sexueller Mißbrauch mit Inzest oder der Vergewaltigung von Kleinkindern gleichgesetzt wird. Es findet also gleichzeitig eine Entgrenzung der Probleme wie eine ungeheure Dramatisierung statt, und das sind denkbar schlechte Voraussetzungen für Hilfeleistung dort, wo sie wirklich gebraucht wird.

Die Entgrenzung des sexuellen Mißbrauchs auf die eine oder andere Weise ist aber keineswegs auf feministische Zirkel beschränkt, sondern ist längst auch anderswo gang und gäbe. Haben Finkelhor und andere, die erwachsene Frauen nach ihren sexuellen Erlebnissen als Kinder gefragt haben, darauf geachtet, kindliche Reaktionen, erwachsene Bewertungen und heute gewissermaßen konventionelle Kodierungen voneinander zu trennen? Oder haben sie von vornherein ihren Probanden das Recht, über ihre Erlebnisse zu urteilen und sie im Zusammenhang ihrer Biographie zu bewerten, abgesprochen?

Die Tendenz geht zur Objektivierung des Tatbestands und die Meßlatte wird immer niedriger gehängt. Eine britische Untersuchung aus dem Jahr 1985 stufte als »mißbraucht« alle Frauen ein, die als Kinder etwas erlebt hatten, was folgender Definition genügte: »Mißbrauch liegt vor, wenn ein Kind unter 16 Jahren von einer sexuell reifen Person mit einer Aktion konfrontiert wird, von der diese Person erwartet, daß sie das Kind sexuell erregt.« Trotz dieser wirklich großzügigen Definition konnten nur zwölf Prozent der befragten 1049 Frauen als »sexuell mißbraucht« verbucht werden.

Damit nicht nur jede fünfte, vierte, dritte, ja, jede zweite Frau als Opfer, aber damit auch als Rohstoff für Statistik, Forschungsvorhaben und therapeutische Einrichtungen in Frage kommt, muß man wohl noch weiter gehen, bis dahin, wo der Wahn beginnt und auch der letzte Rest von common sense und Lebensklugheit Ade gesagt haben. Eine Journalistin, die ein Fachseminar mit Barbara Kavemann erlebt hat, resümiert das Gelernte so: Mißbrauch »beginnt im Grunde bei allen Verhaltensweisen, die dem Mädchen vermitteln, daß Männer frei über es verfügen können, beispielsweise lüsterne Blicke, das Klatschen auf den Po oder das Betasten und Begutachten körperlicher Rundungen. Aber auch die Anwesenheit eines sexuell erregten Erwachsenen kann unter bestimmten Umständen vergewaltigend sein, auch wenn er das Kind dabei nicht berührt . . .«

Da wundert man sich gar nicht, wenn der Psychohistoriker Lloyd de Mause zu der Überzeugung kommt, daß »mehr als die Hälfte aller amerikanischen Frauen in ihrer Kindheit sexuell mißbraucht wurden«. Warum nicht alle? Und warum sagt man nicht gleich, daß jedwede Sexualität, jede Anspielung, jeder Witz in Gegenwart von Kindern zu unterbleiben hat, die vor dem Gottseibeiuns um jeden Preis zu schützen sind? In einer seltsamen Umkehrung sollen in dieser Weltsicht Männer so unter Kuratel gestellt werden, wie im Islam die Frauen. Verhüllt und mit niedergeschlagenen Augen müssen sie ihren Ruf als anständige Menschen, als Nicht-Mißbraucher täglich neu erweisen. Nur sie sind verantwortlich für das Unheil, das die Sexualität stiftet, wenn sie nicht allerschärfstens überwacht wird. Von uns, den Frauen.

3. Sozialisationstheoretische

Schauerromantik

Man kann die Welt aus einem Punkt erklären, und wenn dieser Punkt die Rettung der Kinder, ihrer richtigen Versorgung und Erziehung ist, dann findet man mehr gutwillige Zuhörer als bei anderen Patentrezepten zur Lebens- und Gesellschaftsreform. Jahrelang schon hatte Alice Miller mit ihren Büchern von dieser spezifischen Lahmlegung des kritischen Vermögens profitiert, ehe amerikanische Feministinnen ihre Spezialität, das unglückliche Kind, noch mit der sexuellen Traumatisierung würzten. Die Leitfigur dieser sozialisationstheoretischen Schauerromantik ist das in der Kleinfamilie ausgesetzte kleine Kind, zugespitzt, das Mädchen, das dem Oger nicht entfliehen kann, weil die gruselromantische Konstellation Flucht nur als Flucht in die Falle erlaubt. Das heißt etwa, daß der Therapeut der hilfesuchenden Patientin keinen Glauben schenkt, oder, noch schlimmer, den Mißbrauch selbst fortsetzt. Ein Beispiel aus einem der neueren Bücher von Miller, das zeigt, auf welche Pointen solche Erzählungen angelegt sind und auf welche Einsichten nicht:

»Eine vierzigjährige Frau sieht mit eigenen Augen,

daß ihr Mann ihre zwölfjährige Tochter sexuell mißbraucht. Besorgt über die psychischen Folgen schickt
sie ihr Kind zu ihrer Analytikerin, bei der sie selbst seit
acht Jahren in Behandlung ist. Nach der ersten Bespre-
chung kommt die Tochter in Tränen aufgelöst zu Hause
an und sagt: ›Ich will nie wieder zu dieser Frau. Sie
sagte, es sei nicht schlimm, daß ich solche Dinge
phantasiere . . . aber ich müsse mit ihr herausfinden,
warum ich Papa Schwierigkeiten machen wolle. Ich
habe Angst vor ihr.« Wie werden sich Mutter und
Tochter aus den Verstrickungen der Verschwörer befreien? Wird die Unschuld endlich triumphieren? Mit
jeder anderen Nachfrage sprengte man hier das Genre.
Was hat die Mutter gesehen? Was könnte die Analytikerin zweifeln lassen? Und schließlich: Sollte man
zwölfjährige Mädchen prophylaktisch zum Analytiker
schicken wie zum Zahnarzt, ohne zuerst Papa direkt in
die Mangel zu nehmen und abzuwarten, ob das Kind
selbst fremde Hilfe beanspruchen möchte?

Seltsamerweise gehört aber der Respekt vor der Intimsphäre der Opfer bei denen, die lauthals ihre Zerstörung durch den Mißbraucher anklagen, nicht zu
den Selbstverständlichkeiten. Wer sich nicht erinnern
kann, sexuell mißbraucht worden zu sein, könnte eben
nur besonders schlimme Erfahrungen besonders tief
verdrängt haben. Wer sich an vieles erinnert, erklärte
mir ein Psychologe, alle Vorfälle aber mit gehörigem
intellektuellem Aufwand verharmlost, der hat eben
seine Gefühle abgespalten und weggepackt – eine Verdächtigung meiner Intelligenz als kalt und herzlos, die

ich seit meinen überraschenden ersten Erfolgen in der Grundschule von verschiedenen Seiten immer wieder gehört habe. Es ist eben so, daß man über Kinder und Kinderunglück, seinen Umfang, seine Ursachen, seine Bekämpfung nicht eigentlich streiten darf. Hier ist, wie bei keinem anderen Thema in unserer Gesellschaft überparteilich und überkonfessionell Betroffenheit gefordert, möglichst aktive – Einblendung in der Fernsehtalkshow »Inzestopfer« – zumindest aber passive, die sich in Langmut und dem Verzicht auf Nachfragen kundtut. Nach einer öffentlichen Diskussion erhielt ich einen Brief, der die Fernzündung meines Innenlebens bestens mit dem Plädoyer für die Kinder und überhaupt das Gute auf dieser Welt zu verbinden wußte:

»Sie überschätzen sich ziemlich, wenn Sie meinen, Sie hätten zu dem komplexen Problem irgendetwas Gutes beigetragen. Ihre eigene verdrängte Kindheit stand da voll im Wege! So stellten Sie eine kühle starke (möchtegern-starke) Frau dar, die im Grunde sehr verwirrt ist ... Wer von Kinderkitsch redet, hat gefährlicherweise seine eigene Geschichte noch nicht angeschaut, und es war offensichtlich, daß Sie ein ungeliebtes Kind waren, daß Sie seelisch mißhandelt wurden (wie wir fast alle) ... Sie und der Sozialpädagoge Reinhart Wolff haben nicht begriffen, was die Wurzeln der (aller?!) Probleme sind. Ich bin keine Psychologin, wenn Sie das beruhigt. Aber die Sensibilität habe ich mir bewahrt und sperre mich nicht gegen alles Emotionale ...«

Sind das die Folgen von Alice Miller, deren Bücher mir die Schreiberin noch empfiehlt? Ich denke nicht, daß irgendwo der Sieg der kalten Vernunft über Sensibilität und Emotionen ansteht. Wovor ich mich fürchte, sind die Phantasien, mit denen uns Experten überschwemmen, die ihren Einfluß, ihr Handwerkszeug und ihr Wissen in den Dienst eines Wahns stellen. Keine Sorge, ich bewahre Augenmaß und gebe zu, daß der Glaube an den sexuellen Mißbrauch nicht entfernt so verhängnisvoll werden kann, wie andere bekannte Wahnsysteme in der Geschichte, vom Hexenwahn bis zum Antisemitismus.

Virginia Woolf ist tot und sie braucht sich gegen das krachende Streckbett, das die amerikanische Literaturwissenschaftlerin Louise DeSalvo für sie aufgestellt hat, nicht mehr zu wehren. Über deren geradezu abgründige Naivität und heillose Schlamperei im Umgang mit den Texten denkt man schell anders, wenn man den Bericht einer Psychologin, noch dazu Expertin für das Thema, über einen Mißbrauchsfall in der eigenen Familie liest. Da gibt es lebende kleine Mädchen, die geängstigt, befragt, untersucht und ihrem Vater entzogen werden, einen echten Vater schließlich, der vor Gericht mit einer schwerwiegenden Anklage konfrontiert wird. Am toten wie am lebenden Objekt wird derselbe Wahn agiert, wo Vermutung auf Vermutung folgt und sich wechselseitig so lange bestätigt, bis es kein Entkommen mehr gibt.

Die Untersuchung über die Auswirkungen sexuellen Mißbrauchs auf Virginia Woolfs Leben und Werk ist nicht unkritisch aufgenommen worden. So weit ich sehe, hat aber der Behauptung, daß etwas, das diesen Namen verdient, in ihrer Kindheit und Mädchenzeit stattgefunden hat, niemand widersprochen. Nicht folgen wollte man Louise DeSalvo bei der gewissermaßen übertriebenen Spurensuche auch im literarischen Werk. Ein Stückchen Autonomie möchte man Woolf doch konzedieren, trotz der überwältigenden Evidenz ihrer Labilität, ihrer Zusammenbrüche und schließlich ihres Selbstmordes 1940 in den Wassern der Ouse, die für eine erklärungsbedürftige Störung sprechen.

Ich muß allen den Spaß oder besser, die Genugtuung verderben, die eine ohnehin als feministische Heilige schon kanonisierte Virginia nun auch noch als exemplarisch mißbrauchtes Mädchen vorführen wollen. Das Zicklein oder Äffchen, wie ihre Spottnamen lauteten, war kein Opfer viktorianischer Wüstlinge. Wäre es so gewesen, sie hätte es uns bestimmt gesagt; denn die intellektuelle Bohème von Bloomsbury liebte Gespräche über Sex, seit Lytton Strachey das erlösende Wort gefunden hatte, über alles. »Er zeigte mit dem Finger auf einen Fleck auf Vanessas weißem Kleid. ›Sperma?‹ rief er. Darf man das wirklich sagen? dachte ich, und wir brachen in Gelächter aus. Durch dieses eine Wort fielen alle Barrieren der Zurückhaltung und Reserve. Eine Flut der geheiligten Ergüsse schien uns zu überwältigen. Sex beherrschte die Unterhaltung. Das Wort homosexuell lag uns ständig auf der Zunge. Wir diskutierten über den Beischlaf mit derselben Begeisterung und Offenheit, mit der wir über das Wesen des Guten diskutiert hatten.«

Zu Bloomsbury gehörten die Übersetzer von Freud, Alix und James Strachey, und die Werkausgabe erschien in Leonard Woolfs Hogarth-Press, wo Virginia sie druckfrisch lesen konnte. Bei so viel geschärfter Aufmerksamkeit und sophistication auf Seiten des Opfers, müßte ein Interpret schon etwas in der Hand haben, wenn er die Erzählungen und Selbstanalysen mit einem Hintersinn versieht, so, als wäre Virginia Woolf zu dumm, zu schüchtern und zu krank gewesen, um die ganze Wahrheit zu erkennen und aufzuschreiben; als hätte sie deshalb ihre ganzen Werke, Briefe und Tagebuchaufzeichnungen mit Andeutungen wie Hilferufen und Schmerzlauten gespickt, die wir heute endlich hören und entziffern können, – so, meine ich, darf man eine Person und einen Autor nicht grundlos entmündigen.

Laura, Leslie Stephens Tochter aus erster Ehe, war, wie Virginia unumwunden erklärt, eine Idiotin. Nein, behauptet DeSalvo, sie war ein »unangepaßtes« Kind, das zum Sündenbock der Familie gemacht wurde und Stella, der Halbschwester aus der ersten Ehe der Mutter, und Vanessa zur Warnung dafür diente, was auch ihnen blühen könnte, wenn sie nicht artig waren. Aus der Tatsache, daß der unglückliche Vater so lange wie möglich an der Illusion festhielt, sein Kind sei eigenartig, »pervers« und könne durch besondere Erziehungsmaßnahmen gebessert werden, ganz im Einklang übrigens mit den Anschauungen der Zeit – ehe er die

Halbwüchsige dann aus der Familie entfernte und schließlich einem Pflegeheim überantwortete — aus dieser Tatsache gestaltet DeSalvo eine sadistische Orgie, ein Verbrechen des Vaters.

Mitschuldig am Untergang dieses Kindes sind für sie aber auch Gerald und George Duckworth, die älteren Halbbrüder, von denen wir schon wissen, daß sie Virginia und Vanessa sexuell mißbraucht haben; die Verschlechterung von Lauras Zustand nach der Zusammenlegung der Haushalte Stephen/Duckworth spricht dafür, daß sie auch hier ihren ungezügelten tierischen Trieben Befriedigung verschafft haben . . . Die Indizien DeSalvos sehen in der Regel so aus, daß jeder andere, der nicht überall und jedesmal sexuellen Unrat wittert wie das Schwein die Trüffel, andere Erklärungen näher liegend und plausibler findet; oft genug werden Indizien im Eifer der Beweisführung aber auch mit den besten Absichten erfunden.

Nach dem Tod von George Duckworth schreibt Virginia ihrer Schwester, Leonard sei der Meinung, »wir« hätten Laura verschonen können. Die naheliegende Deutung, daß man der Kranken den Tod nicht hätte melden sollen, mag unsicher sein; DeSalvos Konstruktion, Leonard habe sagen wollen, daß es doch Möglichkeiten gegeben hätte, wenigstens Laura vor George zu schützen, ist aberwitzig. Warum Laura, wenn es nicht gelungen war, Vanessa und Virginia zu schützen? Und an wen ist der Vorwurf in Leonards Bemerkung denn adressiert, etwa an die beiden Frauen, die selbst angeblich hilflose Opfer waren und schon deshalb nicht imstande sein konnten, ihrer viel älteren Halbschwester beizustehen? Die Fragen erübrigen sich, wenn man den zentralen Stein aus DeSalvos Gedankengebäude zieht, daß das Geheimnis der labilen Psyche von Virginia Woolf im sexuellen Mißbrauch durch ihre Halbbrüder zu suchen ist.

Aus einsichtigen Gründen war die Einstellung zu den beiden zwölf beziehungsweise vierzehn Jahre Älteren außerordentlich ambivalent. Sie waren von Vaterseite her wohlhabend. George verfügte über tausend Pfund jährlich – Virginia hatte fünfzig, und wie deutlich ihr der Zusammenhang von Geld, Unabhängigkeit und geistiger Größe immer vor Augen stand, beweisen ja ihre Überlegungen in dem berühmten Essay »Ein Zimmer für sich allein«. Außerdem waren diese Brüder ganz und gar konventionelle Viktorianer. Man konnte sie um ihre Sicherheit in der Gesellschaft beneiden – man konnte sie aber ebensogut verachten; dann nämlich, wenn man, wie die Stephen-Kinder nach dem Vorbild des intellektuellen Vaters, andere Lebensziele hatte, als bei einer Herzogin zum Tee geladen zu werden.

George, der von beiden Brüdern als der Hauptmissetäter belastet ist, sah, zu allem Überfluß, noch blendend aus, und er war, was Geschenke, Ausflüge und die Finanzierung von Reisen betrifft, sogar äußerst großzügig. Gerald, auch das sollte man nicht so übergehen wie DeSalvo, hat das erste Buch von Virginia in seinem Verlag veröffentlicht. Außerdem war George aber auch – von Gerald ist sehr viel seltener die Rede – strohdumm, meint Virginia. Die Minderausstattung des Gehirns stand in einem schreienden Gegensatz zur Dimension seiner Gefühlswelt. »Es war etwas ganz Vertrautes«, schreibt Virginia in einer ihrer autobiographischen Skizzen, »in den Salon zu kommen und George dort auf den Knien vorzufinden, der mit ausgestreckten Armen und den Ausdrücken glühender Liebe auf meine Mutter einredete, die vielleicht gerade dabei war, die wöchentlichen Ausgaben zusammenzurechnen. Möglicherweise hatte er das Wochenende bei den Chamberlains verbracht. Aber er ging so verschwenderisch mit Zärtlichkeiten, Liebkosungen, Beteuerungen und Umarmungen um, als sei er endlich, nach vierzig Jahren im australischen Busch, in das Haus seiner Jugend zurückgekehrt und habe dort noch eine alte Mutter lebend vorgefunden, ihn zu begrüßen.«

Auch die folgenden Seiten verwendet Virginia Woolf in diesem Vortrag vor dem Memory-Club von Bloomsbury auf George, der nach dem Tod der Mutter Familienoberhaupt geworden war; denn Sir Leslie, dem die Rolle ja eigentlich zugekommen wäre, war taub, exzentrisch und mit sich selbst beschäftigt. Die beiden heranwachsenden Schwestern, von atemberaubender Schönheit, gedachte der »abnorm dumme« George bei seinem Aufstieg in die aristokratische Gesellschaft einzusetzen. Schön, jung und mutterlos wären beide die Zierde jedes Banketts gewesen, wenn Vanessa bloß nicht immer an ihre Malerei gedacht und Virginia in den unpassendsten Augenblicken unziemlich intellektuell brilliert hätte.

Am Ende des Vortrags läßt Virginia nach einem auch für sie aufregenden Abend im Theater und in Gesellschaft George in ihr Schlafzimmer schleichen. »Wer ist da?« schrie ich. »Hab keine Angst«, wisperte George. »Und mach kein Licht – oh, Geliebtes! Geliebtes –« und er warf sich auf mein Bett und nahm mich in die Arme. Tja, die alten Damen von Kensington und Belgravia kamen nie auf die Idee, daß George Duckworth eben nicht nur Vater und Mutter, Bruder und Schwester für die armen Stephenmädchen, sondern auch ihr Liebhaber war.« Eine eindeutige Szene und ein eindeutiges Wort aus dem Mund des Opfers? In erster Linie doch wohl eine gelungen Pointe, serviert auf Kosten von George und der viktorianischen Oberklasse, die Virginia Zeit ihres Lebens abstieß und zugleich faszinierte.

Wie weit Georges Benehmen den Titel eines lovers der beiden Schwestern im heutigen Sinn rechtfertigte, können wir beim besten Willen nicht wissen; mit keiner Silbe deutet jedenfalls Virginia an, daß das, was vorfiel, Vanessa oder ihr als hilfosen Opfern eines außer Rand und Band geratenen Ogers widerfahren ist. Bei mir hat sich ganz im Gegensatz dazu der Eindruck verfestigt, daß der schöne, großzügige und hysterisch exaltierte George die junge Virginia sehr beeindruckt hat. Die Dummheit eines längst Erwachsenen dürfte einem Kind und jungen Mädchen keineswegs so evident gewesen sein, wie Virginia es später dargestellt hat; seine Konventionalität ebensowenig. Wer Geheimnissen nachspüren wollte, könnte hier ins Grübeln kommen – aber nicht da, wo Woolf uns selbst gesagt hat, was zu sagen war.

Das zweite Opfer, das dem männlichen Sexualtrieb dargebracht wurde, war Stella, die Schwester von Gerald und George, welche nach einigem Zögern Jack Hills heiratete und wenige Monate später in den ersten Monaten einer Schwangerschaft an einer Blinddarmentzündung starb. Wer den sexuellen Mißbrauch in den Mittelpunkt der Beziehungen der Geschlechter stellt, hat ja auch eine gewisse Theorie über die Funktionsweise des Phallus. DeSalvo offenbart uns, wie sie aussieht. Stella ist von Jack, sagen wir es einmal so, wie es wirklich gemeint ist, krank gevögelt worden. Jack sei ein unermüdlicher Liebhaber, hat nämlich Violet Dickinson, die altjüngferliche Freundin Virginias, von einem ungenannten Kindermädchen gehört, und deshalb mußte Stella sterben.

Man ist versucht, auch DeSalvo, die diese Geschichte übernimmt, den alten Medizinerwitz zu erzählen: »Fräulein, versprechen Sie sich nicht zu viel von der Ehe . . .« Es ist ja verständlich, wenn unmittelbar Betroffenen bei einem so schrecklichen und unerwarteten Todesfall die merkwürdigsten Erklärungen und vor allem Schuldzuweisungen einfallen; aber hundert Jahre später sollte man solche Phantasien nicht mehr für bare Münze ausgeben. Die Verzerrung der männlichen Sexualität ins Monströse und Gewalttätige ist aber so sehr Bestandteil des Begriffs »sexueller Mißbrauch«, daß DeSalvo die Horrorvision vom Phallus als Mordwerkzeug nicht entbehren kann. Wieder setzt sie sich völlig über die Darstellung der Ereignisse und Personen hinweg, die Woolf selbst gegeben hat.

Weit entfernt davon, Jack Hills irgendwelche Vorwürfe zu machen, erinnert sie sich dankbar an die frische und humorvolle Art, mit der er ihr einige Jahre später beibrachte, welche Rolle die Sexualität auch im Leben ehrbarer Gentlemen spielte. Den Zustand des geschockten jungen Mannes, der wenige Wochen nach der Heirat mit dem Tod der Geliebten, seiner Einsamkeit und – seinen abrupt ins Leere laufenden Begierden fertig werden mußte, hat Woolf präzise diagnostiziert. Warum muß DeSalvo aus diesen sympathetischen Mitteilungen über Hills das Bild eines prototypischen Sexualbarbaren entwerfen? Ihre Argumentation bewegt sich gegenläufig in den Viktorianismus zurück, aus dem Virginia und Vanessa nach Bloomsbury aufgebrochen waren.

Wenn die Apostrophierung von George als ›lover‹ der Stephen-Schwestern auch vieldeutig sein mag, so bleibt doch die berüchtigte Szene scheinbar eindeutig, in der Gerald das kleine Mädchen auf ein Sims hebt und trotz ihrer Gegenwehr die Hand unter ihr Kleid schiebt. »Seine Hand tastete auch meine Geschlechtsteile ab. Ich erinnere mich, daß es mich empörte und abstieß – was ist das richtige Wort für ein so dumpfes und wirres Gefühl? Es muß stark gewesen sein, da es mir noch immer im Gedächtnis ist. Das scheint zu beweisen, wie instinktiv ein Gefühl für gewisse Teile des Körpers sein muß, daß sie nicht berührt werden dürfen, und wie falsch es ist, sie berühren zu lassen.«

Wieder scheiden sich die Geister. Ich halte den Vorfall schlimmstenfalls für das, was Alfred Kinsey wertneutral als »sexuelles Erlebnis mit Männern vor der Pubertät« verbucht. Ob der vielleicht achtzehnjährige Gerald als »Mann« zu bezeichnen ist, ist trotz des Altersunterschieds zu Virginia, die sechs gewesen sein müßte, zweifelhaft; denn er dürfte weniger seinen Trieben als der Neugier gefolgt sein: Wie sieht das weibliche Genitale aus?

Wer sich noch erinnert, welches Interesse in den fünfziger Jahren briefmarkengroße Reproduktionen von Rubensgemälden bei Kindern erweckten, wird meine Vermutung für 1888 nicht ganz so abwegig finden, wie sie es heute wäre. Was Woolf zu dem Vorfall sagen wollte, hat sie gesagt und ich verweise jeden, der sich über ihre »Spiegelscham«, die Scham über ihren Körper, genauer informieren möchte, auf die 1939 begonnenen »Reminiszenzen«. Was sie von »Duckworth, Gerald« hielt, kann jeder mit Hilfe der Register zu ihren Briefen und Tagebüchern leicht herausfinden. Es ist eben DeSalvos Pech, daß jede Krume ihres Materials gedruckt vorliegt und jede von ihr als verräterische Assoziation, als deutungsbedürftiger Einfall mißbrauchte Woolfsche Metapher in den Kontext zurückversetzt und – verstanden werden kann. Das ist lehrreich für das Verständnis der ganzen Kampagne, weil man wenigstens an einem Beispiel einmal das Wuchern des Wahns und die damit gegebene Gefahr des völligen Realitätsverlustes nachvollziehen kann.

Die Entdeckung des sexuellen Mißbrauchs von Kindern als eines weit verbreiteten Verbrechens ist ja einher gegangen mit einer heftigen Anklage gegen Freud, der in einem zweiten Anlauf die sogenannte Verführungstheorie bei der Entstehung der Neurosen zugunsten der Triebtheorie fallengelassen hatte. Die Verführungstheorie geht von einem realen Ereignis, einem Trauma für das Kind aus; die Triebtheorie von einem Konflikt zwischen Ich und Trieb, ohne dadurch die grundsätzliche Möglichkeit einer Traumatisierung auszuschließen. Freud war zu der Überzeugung gekommen, daß unmöglich so regelmäßig Kinder von ihren Eltern verführt worden sein konnten, wie Neurosen aufgetreten waren. Zweitens, und das wird aus einsichtigen Gründen gern übersehen, war Freud mit den Heilerfolgen unzufrieden, die das therapeutische Verfahren auf der Grundlage der Verführungstheorie zeitigte.

Die Kur bestand in der Wiederbelebung des traumatischen Ereignisses und der Befreiung des damals eingeklemmten Affekts, der Aufhebung des Gefühlsstaus. Die Idee ist naheliegend, die Erfolge bestenfalls kurzfristig. Es liegt auf der Hand, daß die Rückkehr zur Verführungstheorie mit der Wiederholung von Freuds therapeutischen Irrtümern und Mißerfolgen einhergehen muß. Die Wunder, die man sich heute von öffentlichen und nichtöffentlichen Bekenntnissen, Geständnissen und Anklagen, dem Brechen des Schweigens und dem Erlebnis von »Wut und Trauer« in Selbsterfahrungsgruppen verspricht, stehen dabei in einem erstaunlichen Gegensatz zur Größe und Schwere des

Schadens, der Kindern durch sexuellen Mißbrauch zugeführt worden ist. Oder sein soll. Oder wie oder was?

Der Realismus der Verführungstheorie – bei Alice Miller gibt es keine Triebe mehr, schon gar nicht bei Kindern, nur schlechte Eltern, die andererseits selber schlechte Eltern undsoweiter ad infinitum hatten – diese unpsychologische Voreingenommenheit für die »Wahrheit der Fakten« (Miller) führt bei DeSalvo zum philologisch begründeten Beziehungswahn wie sie anderswo zur Entgrenzung der Begriffe und der haltlosen Vermehrung der Opfer geführt hat, bis dahin, wo alle Frauen und Mädchen sich irgendwie als potentiell mißbraucht definieren könnten. Dabei ist der Unterschied zwischen einem tatsächlichen Opfer und einem potentiellen nicht der ums Ganze, sondern kontingent. Wer dann anfängt, in seinen Erinnerungen zu kramen, wird schließlich auch etwas finden, das der Theorie nicht völlig widerspricht und zumindest von hilfreichen Deutern als sexuelle Gewalttat gezählt werden kann. So wuchert der Wahn und führt endlich zur Konfrontation derer, die ihn teilen mit den anderen, die den »Tatsachen« trotzen und ihre wahren Gefühle nicht kennen.

Was bleibt von Virginia als dem Hauptopfer in der Kette inzestuöser Verbrechen, wenn schon die notorischen Missetäter George und Gerald Duckworth aus Mangel an Beweisen frei gesprochen werden müssen? Sollte ich als Laie auf ihrem Krankenblatt etwas vermerken, dann käme als Bedingung für ihre Labilität Mutterentbehrung in Betracht. Julia Stephen hat ihre chronische Depression mit einer so rastlosen Arbeit und

Reisetätigkeit bekämpft, daß sie nach Überzeugung aller, vorzeitig gealtert und ausgepowert, mit neunundvierzig Jahren starb.

Virginias »Spiegelscham« weist auf ein Hemmnis des normalen Körperexhibitionismus hin. Ihr Leben lang hatte sie Schwierigkeiten mit dem Fotografiertwerden, was man sich heute, wo ihre Porträts von Gisèle Freund fast zu Ikonen geworden sind, nur noch schwer vorstellen kann. Irgendetwas verunsicherte ihr Verhältnis zu ihrem Körper, irgendetwas schien mit ihm nicht zu stimmen, so daß sie sich seiner schämen mußte. Ihr Desinteresse an (Hetero-)Sexualität ist bekannt; was sie bedauerte, war ihre Kinderlosigkeit.

DeSalvo versteigt sich einmal so weit, ihr kindliches Anlehnungsbedürfnis an meist ältere und große Frauen als positive lesbische Verarbeitung ihrer bösen Männer- und Mißbrauchserfahrungen zu deuten. So naiv wie diese Sexualpsychologie des feministischen Goodwill zum eigenen Geschlecht, so fahrlässig hat DeSalvo, eine als Woolf-Editorin ausgewiesene Wissenschaftlerin, ihre Indizienketten gehäkelt, wo eine waghalsige Vermutung das nächste Mißverständnis stützt. »Ein Finger schien sich auf unsere Lippen gelegt zu haben«, so kennzeichnet Woolf Jahre später die wortlose Trauer nach dem plötzlichen Tod der Mutter 1895. Frisch und frei deutet DeSalvo diesen Satz als klaren Hinweis auf das »erzwungene Schweigen« der Schwestern zu Georges sexuellen Übergriffen. Von hier assoziiert DeSalvo weiter, über ein Gesetz, das 1908 Inzest unter Zuchthausstrafe stellt, hin zu einer Tagebucheintragung von Virginia Woolf vom 21. Januar 1918.

Diese faßt DeSalvo für ihre Beweisführung stimmig, aber sonst sachlich falsch zusammen: »Und sie fing an, sich mit der Inzestproblematik auseinanderzusetzen, und wollte 1918 der British Sex Society beitreten, die sich vor allen Dingen mit ›Inzest zwischen Eltern und Kind‹ befaßte.« Ich übersetze diese Stelle aus Woolfs Tagebuch, um erstens eine Probe vom geselligen Gesprächsklima Bloomsburys zu geben, in dem über alles, besonders gern aber über ›moderne‹ Themen wie Sexualität geredet wurde; zweitens um Woolf vom Ruch der betroffenen Selbstfindungsfrau zu befreien; drittens um zu zeigen, daß die British Sex Society nicht vor allem mit Inzest und schon gar nicht mit dem befaßt war, der DeSalvo umtreibt, sondern viertens allenfalls mit Freuds Theorie darüber:

»Lytton kam zum Tee; blieb zum Essen, und ungefähr um zehn Uhr abends hatten wir beide trockene Lippen und das Gefühl verbrauchten Lebens. Das kommt vom stundenlangen Reden. Aber Lytton war äußerst angenehm und unterhaltsam. Unter anderem gab er uns einen erstaunlichen Bericht über die British Sex Society, die sich in Hampstead trifft. Das hört sich nach einer dritten Spezies Mensch an, und es scheint, daß die Versammlung auch so aussah. Trotzdem waren sie überraschend offen; fünfzig Leute beiderlei Geschlechts und unterschiedlichen Alters diskutierten ohne Scham solche Fragen wie den deformierten Penis von Dekan Swift, ob Katzen aufs W. C. gehen; Selbstbefriedigung; Inzest – zwischen Eltern und Kindern, der beiden unbewußt ist, war das Hauptthema, in Anlehnung an Freud. Ich glaube, ich werde Mitglied. Schade, daß die Zivilisation die Zwerge, Krüppel und geschlechtslosen Menschen immer zuerst erleuchtet. Und die finden sich in Hampstead. Lytton hat an verschiedenen Punkten das Wort PENIS ausgestoßen. Das war sein Beitrag zur Offenherzigkeit der Debatte.« Man urteile nun selbst, ob der Zusammenhang von tastender Selbstfindung, Inzest und British Sex Society gegeben ist, den DeSalvo hier und anderswo mit anderen Ecksteinen insinuiert.

Die Versuchung ist groß, ihr Buch Seite um Seite zu widerlegen und zu korrigieren, aber wann ist der Wahn je vernünftiger Rede gewichen? 1936 besucht Virginia zusammen mit Leonard noch einmal Gerald Duckworth in seinem Haus. »Es war, als ob man einen Alligator besucht, einen fetten und zurückgebliebenen Alligator, der wie unsere Schildkröten, halb im, halb außerhalb des Wassers liegt.« Das Bild vom »fetten, zurückgebliebenen Alligator« benutzt Woolf am selben Tag noch einmal in einem Brief. DeSalvo hat natürlich, den Mißbrauchsnachweis fest und unverrückt im Sinn, keine Ahnung vom Verhältnis, das Woolf zu Tieren hat. Um es kurz zu machen: kein hysterisches, das den Alligator per se zum furchterregenden Ekel macht. Hören wir DeSalvos Deutung: »Noch, denke ich, war die frühe Erinnerung an Gerald Duckworth, wie er sie belästigte, nicht ganz bewußt geworden. Aber etwas beunruhigte sie bei diesem Wiedersehen. Ihr Bild von ihm als Alligator in einem Becken, in dem sie selbst gefangen war (davon steht hier zwar nichts, es gibt aber das Bild vom gefühlvollen George und der überrollten Virginia als Wal und Elritze in einem Behälter an anderer Stelle, K. R.) zeigt, daß sie ihn für gefährlich hielt.«

Das genaue Gegenteil ist der Fall: Virginia fühlt sich von Geralds Reden gelangweilt, sie sieht auf ihn herab, und sie vermutet, daß auch er fühlt, wie sich die Rollen vertauscht haben: Nun ist sie es, die arme kleine Schwester, die mit Leonard im freien Wasser schwimmt. So nimmt Virginia im Tagebuch das Bild vom Alligator im Becken noch einmal auf: Die Außenseiter bewegen sich im Leben; der einstmals so überlegene Gerald ist auf der ganzen Linie gescheitert und interessiert sich für gar nichts mehr. Es ist wohl nicht übertrieben, wenn man feststellt, daß DeSalvos Deutung des Alligators Gerald ins Gegenteil verkehrt, was Woolf klar und deutlich gesagt hat.

Oberflächlich gesehen, behandelt DeSalvos Buch Virginia als Opfer, dem spät Gerechtigkeit widerfahren und dessen eigene Bemühung um Verbrechensaufklärung anerkannt werden soll. In Wahrheit berechtigt aber die Unterstellung, Woolf sei von 1888 bis 1904 von mehreren Personen der Familie sexuell mißbraucht worden, sie wisse es aber nicht mehr und leide nur unter den Folgen, dazu, das Opfer völlig zu entmündigen und nach Belieben zu manipulieren. Zum Glück nur mit den Mitteln der Philologie. Aber diese Rettungsaktion hat gerade die Schriftstellerin Woolf nicht

68

verdient, obwohl ich gern einräume, daß ihre Kindheit und Jugend vor der Jahrhundertwende nicht den Vorschriften entsprechen, nach denen heute sozialpädagogische Modelleinrichtungen betrieben werden – sollen . . .

Das Gegenstück zu Woolfs Rettung wider Willen durch eine Pfadfinderin, die sie trotzdem über die Straße geleitet, wird von der verfolgenden Unschuld gegeben. Bleibt unklar, was eine Literaturwissenschaftlerin in den Wahn getrieben hat, so versteht man wenigstens den Nutzen, den Katharina Lappessen davon hat, wenn sie ihrem geschiedenen Ehemann den Mißbrauch ihrer Tochter Anna anlastet. Einesteils kann sie sich auf diese Weise die Trauer wegen des Scheiterns einer siebenjährigen Beziehung ersparen; andernteils setzt sich die Beziehung zu dem Mann über die aktive Befriedigung von Haß- und Rachewünschen noch eine ganze Zeit fort, und zwar – das ist wichtig – auf moralisch einwandfreie Weise.

Die Ideologie des sexuellen Mißbrauchs erlaubt der Mutter, sich als selbstlose Beschützerin ihrer Kinder aufzuspielen und über die ganzen Ereignisse – eine Voruntersuchung gegen den Vater eingeschlossen – mit bestem Gewissen ein Buch zu schreiben. Zuerst nur aus selbsttherapeutischen Gründen: »Ich habe mich hingesetzt und meine Gefühle auf das Papier geschrieben, um nicht zu ersticken an den furchtbaren Dingen, die ich in mir fühlte.« Später kam die Absicht dazu, anderen gleichermaßen Betroffenen beizustehen. Das Buch wurde gedruckt, »um anderen Müttern von unseren Erfahrungen zu berichten, um ihnen Mut zu machen, ihre Kinder auch zu schützen vor Mißbrauchern, obwohl dies so schwer ist und die Umwelt nicht unterstützend reagiert, sondern mit Zweifeln und viel Angst, über die Existenz des sexuellen Mißbrauchs überhaupt nachzudenken.«

Um das Ergebnis meiner Lektüre vorwegzunehmen: Das Buch ist kein Lehrstück über sexuellen Mißbrauch und die Schwierigkeiten, Kinder unter Umständen mit Hilfe des Jugendamtes, des Familiengerichts oder gar der Polizei- und Strafbehörden zu schützen, sondern ein bedrückender Beweis dafür, wie schwach die Fähigkeit zur Realitätsprüfung entwickelt ist und wie schnell das vorhandene bißchen auch noch verloren gehen kann, wenn die Umstände entsprechend ungünstig sind. Was die Mutter mit ihrem Mißbrauchsvorwurf an die Adresse des geschiedenen Mannes erreicht, ist die Zerstörung des guten Verhältnisses, das zwei kleine Mädchen zu ihrem Vater und dieser zu ihnen hatte.

Ein modernes Scheidungsrecht, das ohne Schuldzuweisungen auskommt und deshalb Kinder nicht mehr um ihren Vater oder ihre Mutter bringt, weil einer die Ehe gebrochen hat – alle neuen Versuche also, Kindern eigene Rechte einzuräumen und die (gescheiterte) Ehebeziehung von der Beziehung zu den Kindern in deren Interesse zu trennen, all das ist für die Katz, wenn über den Mißbrauchsvorwurf die Schuldfrage erneut und mit sehr dramatischen Konsequenzen wieder eingeführt werden kann. Daß die Mutter im vorliegenden

Fall eine studierte Psychologin und darüber hinaus als Profi auf dem Gebiet der Mißbrauchstherapie und Aufklärung tätig ist, macht diese Geschichte vollends zu einem allzu realistischen Schauerroman ohne jede Aussicht auf ein Happy-end: Denn daß der Vater am Ende von der Anklage entlastet wird, hat mich zwar über die Möglichkeiten der Justiz beruhigt, dem ärgsten Wahn Einhalt zu gebieten, zu beklagen sind aber zwei kleine Mädchen und ein Vater, die sich nun nicht mehr sehen dürfen. Ganz unabhängig von der Unschuld des Vaters setzte die weitere Wahrnehmung des Besuchsrechts unter den von der Mutter herbeigeführten Umständen die Kinder solchen Zerreißproben aus, daß der absehbare Schaden dem Familiengericht zu bedeutend erschien. Wie viel Porzellan die zielstrebige Mutter im Verlauf der vielmonatigen Erhebungen zu Hause und bei anderen Experten, die testeten, befragten, begutachteten außerdem noch bei ihren Töchtern zerschlagen hat, wird die Biographie der Kinder einmal erweisen. Man kann sich ja leider seine Eltern nicht aussuchen wie sonst im Leben Freunde und Feinde . . .

Was hat mich nun bei diesem so lehrreich und breit ausgeführten Fall väterlichen Mißbrauchs einer Fünfjährigen darauf gebracht, ihn unter Wahn, nicht unter Wirklichkeit zu verbuchen? Denn natürlich weiß ich, daß es sexuellen Mißbrauch von Kindern gibt, ein Verbrechen, das wirklich und wahrhaftig diesen Namen verdient – obwohl ich bezweifle, daß die gegenwärtige Kampagne dieses Realissimum im Auge hat, das sich für eine moralische Erweckung breiter

Laienkreise an sich ja auch sehr schlecht eignet. Bei DeSalvo mußte man nur den Weg von den wild akkumulierten und kombinierten Belegstellen zurück zu den Texten und Kontexten gehen, um ihre Interpretation zurückzuweisen. Schließlich konnte Woolf selbst als Zeugin gehört werden, die ihr Leben so kunstvoll gedeutet hat, daß es sich eigentlich verbietet, ihre Äußerungen zu behandeln, als seien es Einfälle einer Analysandin, die auf der Couch liegt.

Zur Geschichte von Annas Mißbrauch durch den Vater, seine Entdeckung und Verfolgung durch die Mutter, gibt es keinen Urtext, auf den man zurückgreifen könnte, nur einige Gegenreden des Vaters in Form von Schreiben seines Rechtsanwalts und schließlich den Beschluß des Gerichts, die Hauptverhandlung wegen Mangels an hinreichendem Tatverdacht nicht zu eröffnen. Damit steigert die Justiz die so gern monierte Zahl der »Täter«, die ungestraft davonkommen, als ob die Zahl von Ermittlungseinstellungen oder Freisprüchen per se die Blindheit der Justiz und nicht vor allem beweise, daß wir in einem Rechtsstaat leben, dessen oberster Grundsatz in dubio pro reo lautet.

Oder soll es Verbrechen geben, bei denen dieser Grundsatz keine Geltung mehr haben soll? Was haben sich Kavemann & Lohstöter anderes gedacht bei ihrer Justizschelte? »Der Vergleich der Kriminalstatistik und der Verurteiltenziffer macht deutlich, daß nur jeder fünfte angezeigte sexuelle Mißbrauch vor einem Strafgericht verhandelt wird, obwohl von drei Tätern zwei ermittelt werden.« Über die Demagogie solcher

Dreisatzaufgaben und anderer Zahlenzaubereien habe ich mich schon genug verbreitet, hier wird außerdem aber noch der Unterschied zwischen Anzeige, Ermittlungs- und Strafverfahren vernebelt, eine kostbare rechtsstaatliche Prozedur, die im Fall von Annas Vater nicht alles, aber doch das Schlimmste verhütet hat. Auch in Zukunft, wollen wir hoffen, ist der noch nicht verurteilt, den jemand angezeigt hat.

Daß Annas Mißbrauch sich dem Wahn der Mutter und nicht der Wirklichkeit eines gewissenlosen Vaters verdankt, diese Überzeugung muß eigentlich jeder gewinnen, der die Geduld aufbringt, ihrer Erzählung von Anfang bis Ende zuzuhören. Diese Mühe lohnt sich überdies, weil es bisher so wenige Beispiele aus dem Leben gibt, die zeigen, welche gefährlichen Fallen sich mit der neuartigen Kinderschutzideologie noch unbeachtet auftun. Manchem mag das Wort Wahn, das ich schon bei DeSalvo benutzt habe und nun auch auf Annas Mutter anwende, zu scharf in den Ohren klingen. Die Möglichkeit zur Wahnbildung ist aber schon im propagierten Konzept vom sexuellen Mißbrauch von Kindern angelegt; denn einerseits wissen die wenigsten aus eigener Erfahrung von diesem Verbrechen, andererseits soll uns weisgemacht werden, daß es massenhaft vorkommt. Die Dunkelziffer ist aus einem kriminalstatistischen Werkzeug deshalb längst zur Metapher für das unsagbare Grauen geworden, das hinter der Fassade des normalen Alltags versteckt ist.

Kindesmißbrauch ist außerdem ein Verbrechen, das keine Spuren hinterläßt und keine Zeugen hat; denn

Körperverletzungen sind nicht die Regel und Kinder, selbst wenn sie schon alt genug sind und sprechen können, schweigen und müssen nach allen Regeln der Testkunst abgehorcht werden, wenn ein Verdacht besteht. So muß sich Annas Mutter gar nicht fragen, ob sie dabei ist durchzudrehen, wenn ihr plötzlich nach dem ersten der zweite unabweisbare Gedanke kommt, daß der Vater nicht erst jetzt, nach der Trennung, sondern schon seit Jahren seine Tochter mißbraucht hat. Ein wiederkehrender Alptraum des Kindes erklärt sich zwanglos aus dieser Tatsache, die die Mutter ebenso viele Jahre übersehen hat, obwohl sie doch als Expertin hellhöriger hätte sein müssen als normale Mütter.

Andere naheliegende Erklärungen werden systematisch vermieden. Bauchschmerzen beider Mädchen und schwere Verstimmungen der älteren Anna, jedesmal, wenn sie von Besuchen beim Vater zur Mutter zurückkommen, lassen mich vermuten, daß die Kinder unter einem Konflikt leiden, der zu Lasten des widersprüchlichen Verhaltens der Mutter geht. Im Rahmen einer großzügigen Besuchsregelung dürfen die Kinder zwar viel Zeit bei ihrem Vater verbringen — bei der Mutter werden sie dann mit dem zwar verleugneten, aber krass agierten Haß auf den Vater konfrontiert. Annas Schicksal als Mißbrauchsopfer ist besiegelt, als einer dänischen Freundin der Mutter, Trauzeugin bei ihrer baldigen Wiederverheiratung, das unglückliche Gebaren der nunmehr sechsjährigen Tochter auffällt. Wie es der Teufel will, ist diese Freundin auch Expertin, sogar eine mehrjährig erfahrene und versierte auf dem Gebiet des sexuellen Mißbrauchs. Ihr Gutachten über die Symptome bei Anna, die Persönlichkeitsstruktur des Vaters und die inzestuöse Grundstruktur der (Ex-)Familie kann man nachlesen.

Niemand ist offenbar auf die Idee gekommen, Annas Verhalten verständlich und normal zu finden: Die Hochzeit macht ihr endgültig klar, daß alle ihre Hoffnungen, Vater und Mutter wieder beisammen zu sehen, vergeblich sind. Da nutzt es wenig, wenn der neue »Vater« und die beiden neuen Geschwister nett und sympathisch sind. Nicht nur beim Lesen von Annas Geschichte frage ich mich, ob die ganze Aufregung um sexuellen Kindesmißbrauch überhaupt der Kinder wegen angezettelt wird, oder ob nicht auch sonst, wie hier Annas Mutter, erwachsene Frauen ganz andere Süppchen auf dem Thema kochen wollen. Wie kann man sonst so fühllos für ein Kind sein? Männer will ich nicht grundsätzlich vom Fehlverhalten ausschließen, nur sind sie bisher öffentlich so gut wie gar nicht in Erscheinung getreten. Ist das Verfolgen der Unmoral nicht von altersher ein probates Mittel gewesen, seinen Feind schachmatt zu setzen?

Über der Liberalisierung von Gesetzen und veränderten Umgangsformen zwischen den Geschlechtern übersieht man auch leicht, daß dem allgemeinen Fortschritt auf dem Gebiet der Sexualtriebe engste Grenzen gesetzt sind und als zivilisatorische Tugend von uns öfter die Resignation, nicht der hysterische Aufschrei verlangt wird. Um ein Beispiel zu geben: Es lohnt sich, die öffentliche Sicherheit weiter zu verbessern, es lohnt sich nicht, dasselbe für private Verhältnisse zu versuchen. Wenn anderswo Polizei, Gesetz und Diplomatie die Regel sind, werden wir hier, in Liebes- und anderen engen Beziehungen immer mit Affektdurchbrüchen und anderen Abweichungen vom sogenannten normalen Verhalten zu rechnen und – uns abzufinden haben. Wer nach Staat und neuen Gesetzen ruft, um das zivilisatorische Niveau in zwischenmenschlichen Beziehungen weiter zu heben, treibt bloß den Teufel mit dem Beelzebub aus. So ändert sich nichts – außer dem Anzeigenaufkommen.

Auch Annas Mutter dürfte also, blieben ihre Wutausbrüche und die aufgestaute Erbitterung über ihren Ex-Ehemann im privaten Rahmen, auf unsere Nachsicht und Geduld rechnen. Sie reagiert aber öffentlich und noch dazu in missionarischer Absicht. Warum? Es geht wohl um mehr als das gute Gewissen, das die in aller Unschuld verfolgende Unschuld braucht. Ja, die Monotonie, mit der Annas Mutter die Welt in lyrischer Therapeutenprosa schwarz-weiß malt (nur ein scheinbarer Widerspruch) und sich selbst als leidenden, aufopfernden und endlich völlig abgeklärten Engel darstellt, zeigt, daß ihr das gar nicht so leicht fällt.

Der Wahn, auf den sie sich stützt, wird schließlich auch von anderen favorisiert, die nicht in Scheidung leben. Welche anderen, weniger zufälligen Wünsche befriedigt er bei Frauen, so gut wie nie bei Männern? Er ähnelt einem Traum, in dem die Träumerin unangefochten im Mittelpunkt steht, von keinem kritischen

Einwand, keiner Realität gestört. Weil der Kindesmißbrauch als ein unsichtbares, erst zu enthüllendes
Verbrechen in einer Hinterwelt gilt, auf der unser
Alltag wie eine Fassade klebt, ist jede auserwählt, die
als Betroffene Auskunft geben kann.

Die betroffene Expertin ist vollends sakrosankt.
Annas Mutter ist einmal vergewaltigt worden. Nähe-
res wird uns nicht mitgeteilt, außer, daß das Ereignis
Jahre zurückliegt. Sie wird als Psychologin und Betroffene zu einer Podiumsdiskussion zum Thema »Sexuelle Gewalt« eingeladen. »Ich sage gern zu, freue
mich, zum Öffentlichmachen dieses Themas erneut
beitragen zu können.« Monate später, das Jugendamt
ist längst über den Fall in der eigenen Familie informiert, wird sie zu einer Podiumsdiskussion über sexuellen Mißbrauch von Kindern eingeladen. Der Ju-
gendamtsleiter hat Bedenken und rät von ihrer Teil-
nahme ab. Ob sie die Fachfrau von der betroffenen
Mutter trennen könne? Und was wolle man tun, wenn
der verdächtige Vater in der Veranstaltung auftauche?
Annas Mutter hat keine Bedenken. So beschreibt sie
das Ereignis und die rätselhafte publizistische Reaktion darauf:

»Die anderen Teilnehmer des Podiums tragen ihre
Themen vor. Alle Darstellungen sind wichtig, dennoch macht sich langsam Ungeduld im Publikum
breit. So wird diskutiert, ob die noch ausstehenden
Beiträge – darunter würde auch meiner fallen – wegge-
lassen werden sollen, um Platz für Fragen des Publikums zu schaffen. Ich schlage vor, die Beiträge den-

noch zu bringen . . . Dieser Vorschlag wird angenommen. Noch eine Teilnehmerin redet . . . Dann spreche ich, biete an, mich zu unterbrechen, wenn alles bekannt sein sollte, und schildere die psychischen Folgen von sexuellem Mißbrauch . . . Es wird ruhig im Saal, gespannte Stille breitet sich aus, selbst die Wände scheinen aufzusaugen, was ich sage, ich bin so sicher, beantworte ruhig jede Frage, bin souverän und unabhängig . . .

Ich bin sachlich und doch emotional beteiligt, ruhig und doch stark, keiner erreicht mich mit Angriffen. Meine eigene Erfahrung mit dem Thema gibt mir Stärke und Sicherheit, läßt keine Frage offen . . . Die meisten Fragen werden an mich gestellt . . . Auch die anderen Podiumsteilnehmer bringen sich ein, doch ich spüre, daß eigentlich ich die Gefühle der Menschen im Raum erreicht habe, daß es keine Theorie mehr ist, sondern Wahrheit, daß Kinder sexuell mißbraucht werden . . . Der ruhige Sozialarbeiter bedankt sich bei mir, als ich nach dem Ende der Veranstaltung gehen will . . . Viele andere melden mir den Eindruck zurück, daß erst etwas mit den Menschen passiert ist, als ich begann zu sprechen. Sie waren beeindruckt, es hat ihnen gut getan. Doch weder bei den Hinweisen auf die Podiumsdiskussion noch beim anschließenden Bericht darüber in der Zeitung wird mein Name genannt. Der Leiter hatte zuviel Angst . . . «

Die wichtigste narzißtische Gratifikation, auf die Annas Mutter nach ihrem gloriosen öffentlichen Auftritt Anspruch hatte, ist also ausgeblieben. Hat ihre

Selbstwahrnehmung sie über ihre Rolle getäuscht oder muß man wieder die Furcht offizieller Organe vor der Wahrheit verantwortlich dafür machen? Annas Mutter entscheidet sich für die zweite Antwort. Natürlich sage ich, das ist der Wahn, der gänzlich unbeirrbare. Es scheint eine ganze Menge Frauen zu geben, deren Seele nach öffentlichen Auftritten schrankenloser Rechthaberei und rauschendem Beifall dürstet. Wenn sexueller Mißbrauch ein Männerprivileg ist, dann die Beschwerde darüber Frauensache: eine saubere Arbeitsteilung. Nur soll man nicht glauben, hier fände Aufklärung statt. Man tut einen Blick in archaische Gefühls- und Vorstellungswelten, die nur sehr oberflächlich zivilisiert sind.

Der Blick auf die vorsintflutlichen Bestände im Verhältnis der Geschlechter macht auch das vielsagende Schweigen der einzeln oder kollektiv so grob beleidigten Männer begreiflich. Es signalisiert weder Ein- noch Unverständnis oder gar Schuldbewußtsein. Was sie an den Tag legen ist das stinknormale Rüdenverhalten, wie jeder Kenner der Hundewelt weiß. Nichts als ein sexuelles Fernziel im Sinn, muß der Rüde sich alles, wirklich alles von den Damen gefallen lassen, die öfter schnappen und beißen, als ihn in Gnaden annehmen.

4. Der ganz normale Mann und andere Vorurteile

Frauen, Mädchen und Kinder leben gefährlich; denn in ihrer unmittelbaren Umgebung tummelt sich täglich und ununterbrochen eine gefährliche Spezies Mensch: der Mann in den verschiedenen Spielarten des Vaters, Bruders, Onkels, Chefs, Kollegen, Nachbarn oder Freundes. Man hat nämlich herausgefunden, daß bei 70 Prozent der Sexualstraftaten der Täter dem Opfer mehr oder weniger bekannt ist und nur 6,2 Prozent von gänzlich Unbekannten verübt werden. Warum wird, seit Michael Baurmann diese Relation von bekannten zu unbekannten Tätern herausgefunden hat, so großer Wert auf sie gelegt? Sie scheint nachdrücklich zu beweisen, daß unser ganz normaler Alltag von Tätern wimmelt, während wir doch immer geglaubt haben, das Böse sei ein Import von draußen.

Kavemann & Lohstöter spitzen diese Argumentation noch weiter zu, indem sie die Statistik mit einer qualitativen Aussage über die Art des Verbrechens kombinieren und so den Eindruck erwecken, daß man in der Nahwelt weniger geschützt und sicher als gefangen sei und den männlichen Peinigern geradezu mundgerecht serviert werde: »Die obengenannte Untersuchung zeigt, daß die Gefahr für Mädchen und Frauen im sozialen Nahbereich am höchsten ist, denn die Intensität des Mißbrauchs, die Dauer der Mißbrauchsbeziehung und auch das Maß der angewandten Gewalt nehmen mit steigendem Bekanntschafts- und Verwandtschaftsgrad zu.« Nach dieser Logik müßte man Frauen und Mädchen raten, ihre Umgebung dauernd zu wechseln und möglichst Berufe wie den der Reisenden zu ergreifen, wenn es ihnen nicht gleich möglich ist, den Nahbereich männerfrei zu gestalten.

Baurmanns Forschungen über die Täter-Opfer-Beziehung bei Sexualstraftaten können wohl eine panische Argumentation stützen, überraschend sind die Ergebnisse trotzdem nicht, eher trivial und tautologisch. So wie Verkehrsunfälle Verkehr voraussetzen, so setzen Beziehungsunfälle oder meinetwegen Beziehungskatastrophen das Beziehungsgeflecht des Alltags, in dem wir leben, voraus. Weil gerade Sexualität mehr Beziehung zwischen Täter und Opfer voraussetzt als etwa der Diebstahl, ist der hohe Bekanntschaftsgrad nicht verwunderlich, sondern ganz im Gegenteil das, was man regelrecht erwarten muß. Völlig falsch ist es jedenfalls, aus dieser Tatsache einen weiteren Gruseleffekt zu gestalten; denn auch Kavemann & Lohstöter wissen, daß die meisten Sexualmorde von Tätern aus der Gruppe von 6,2 Prozent Unbekannter begangen werden.

Dieses Datum schwächen sie allerdings mit der hanebüchenen Unterstellung ab, die mißbrauchenden Väter seien auf solche krassen Methoden zur Verschleierung ihrer Verbrechen nicht angewiesen, da ihnen andere Druckmittel zur Verfügung stünden, das Schweigen der Opfer zu erhalten. Nur im Interesse einer allzu schlichten Konzeptualisierung sexuell motivierter Gewalttätigkeit bei Männern, die gewissermaßen ihre Grundstruktur vor ihrer Zivilisierung und jenseits der Kontrolle abbildet, kann man aber den Pädophilen, den erpresserischen Bruder, den Inzestvater, der kindische Liebesbriefe an seine Tochter schreibt und etwa Jürgen Bartsch auf einem Kontinuum oder innerhalb eines kalkulierten Spiels von rücksichtsloser Triebbefriedigung und Strafvermeidung anordnen.

Wer dem Thema des sexuellen Mißbrauchs die gesellschaftliche Anerkennung als Epidemie verschaffen will, darf sich aber weder um die Täter, ihre Absichten und Handlungen, noch um deren genaue Beziehung zu ihren Opfern kümmern. Das wird ganz deutlich bei der Formulierung, die Kavemann & Lohstöter zum Titel ihres bekannten Buches gemacht haben. Sind Väter Täter? Es gibt sie, aber gibt es sie so häufig und regelmäßig, daß der Titel gerechtfertigt wäre? Schon Baurmann hat in seiner Untersuchung den entscheidenden Fehler gemacht, Väter, Stiefväter und andere, dieselbe Wohnung benutzende Männer, einfach zu einer Tätergruppe zu addieren. Sie umfaßt bei dieser Rechenmethode ein beeindruckendes Viertel aller Täter. Zwar liegt der Anteil von Mißbrauchern aus dem Nahbereich, außerhalb der Familie und der Wohnung, mit einem guten Drittel noch darüber – aber bei dieser zahlenmäßig gewichtigeren Gruppe fällt eben der insinuierte Effekt des sexuellen Kapitalverbrechens an Kindern weg: der Inzest.

Im Zentrum des moralischen Alptraums, den unsere Gesellschaft zu träumen scheint, muß der Vater stehen, der sein eigen Fleisch und Blut, seine Tochter, sein Kind sich sexuell gefügig macht. Die Vorrangstellung dieses Bildes bei denen, die über sexuellen Mißbrauch aufklären wollen, verdankt sich aber keineswegs dem Wissen über die Verbreitung dieses Verbrechens, oder der Einsicht in seine spezifische Bedeutung bei der Ätiologie schwerer neurotischer oder psychotischer Erkrankungen auf Seiten der Opfer, sondern einzig der schaurigen Faszination, die von ihm ausgeht. Jede Geschichte eines Inzests enthält nämlich Momente des Gruselfilms, der Angstlust macht. Der Beschützer per se, der Vater, entpuppt sich als Verfolger; die Größen- und Machtverhältnisse machen den Verfolgten Gegenwehr fast unmöglich; wohin zu fliehen wäre, wissen sie nicht; sie sind gefangen und müssen sich überwältigen lassen.

Natürlich hat das wenig mit der vielfältigen Realität des Vater-Tochter Inzests zu tun, vielleicht aber mehr mit den abgewehrten Wunschphantasien aus der Kinderzeit als den feministischen Kritikerinnen Freuds lieb sein dürfte. Welches kleine Mädchen ist nicht zwischen dem Wunsch, seinen Vater heiraten zu wollen und dem Grausen hin und her gerissen, das ihm der riesige Körper und das männliche Genitale einflößt? Der Titel »Väter als Täter« annonciert sozusagen auf soziologisch, was das Buch mit dem Blick auf die

Realität dann doch nicht einlösen kann. Anderswo weist unbeabsichtigt die sentimentale Doppeldeutigkeit auf die inzestuösen Phantasien zurück, mit denen wir uns alle einmal beschäftigen mußten. »Kiss Daddy Goodnight«, so lautet auch der deutsche Titel von Louise Armstrongs Sammlung von Fallgeschichten von Inzestopfern. Besser als mit der Erinnerung ans zärtliche Gute-Nacht-Ritual, mit dem widerstrebende Kinder dann doch aus der Erwachsenenwelt ausgeschlossen werden, können nicht-betroffene Leser wohl kaum auf das pikante Thema eingestimmt werden.

Eine Kölner Initiative zur Bekämpfung des sexuellen Mißbrauchs gab sich in aller Arglosigkeit den Namen »Zart-Bitter«, weil zarten Kindern mit dem Mißbrauch etwas Bitteres zugefügt werde. Als Freudianerin mache ich im Ungeschick des Namen-Designs die Fehlleistung aus: Zartbitter ist nicht nur eine Geschmacksrichtung von Schokolade, so daß Kindesmißbrauch mit Genuß assoziiert wird, das Doppelattribut erinnert auch an ein anderes, in sich widersprüchliches, mit dem sonst sentimentale Liebesgeschichten ohne Tragik, aber auch ohne Happy-end bezeichnet werden: bitter-süß. Kurzum, wüßte ich es nicht besser, hätte ich bei »Zart-Bitter« nicht an Kinderschutz, sondern eher an eine pädophile Interessenvereinigung gedacht; denn wer in seiner Liebeswahl auf Kinder fixiert ist, erlebt mit dem Glück der verliebten Gefühle auch regelmäßig die Enttäuschung am Kind, das sie nicht erwidern, ja, kaum verstehen kann, gerade weil es ein Kind ist, dem man seine Fühllosigkeit und objektive

Grausamkeit nicht einmal zum Vorwurf machen kann und so ad infinitum.

Warum die Berliner Pionierinnen ihre Initiative »Wildwasser« genannt haben, das zu enträtseln erfordert wohl mehr psychoanalytischen Aufwand und Freude an der Spekulation, als die Leser zu tolerieren bereit sind. Meine Vermutungen kreisen um das Wissen, daß Wildwasser ungezähmtes Wasser ist; im Zusammenhang mit Sexualität ist dann weiter an die Urethralerotik zu denken, deren Aggressivität vom enttäuschten penislosen Kind regressiv besetzt wird — kurzum, auch dieser Name ist mehr sprechend als glücklich gewählt und paßt zur dogmatischen Männerfeindlichkeit, die dem Hilfs- und Aufklärungsangebot von »Wildwasser e. V.« zugrunde liegt.

Sind Väter Täter? Sie sind es, aber viel seltener, als man eigentlich erwarten dürfte, pardon: müßte, wenn gewisse Hypothesen über die männliche Sexualität und Gewalttätigkeit nicht völlig aus der Luft gegriffen wären. Warum geben schon Baurmann und in seiner Nachfolge Kavemann & Lohstöter den genauen Prozentsatz der Väter, also der echten Inzesttäter nicht an? Ganz einfach, weil sie publikumsunwirksam niedrig ist und selbst mit der gewagtesten Dunkelziffermultiplikation nicht in beeindruckende Höhen getrieben werden kann. Aus diesem Grund weist die polizeiliche Kriminalstatistik die Delikte nach den Paragraphen 173 StGB (Inzest), 174 StGB (Mißbrauch von Schutzbefohlenen über sechzehn und unter achtzehn Jahren alt) und 179 StGB (Mißbrauch von Wehrlosen) gar nicht eigens aus. Muß ich betonen, daß auch für mich die statistische Irrelevanz auf einem anderen Blatt steht als die Strafwürdigkeit dieser Vergehen und das Mitgefühl mit den Opfern, die Hilfe benötigen?

Der Titel »Väter als Täter« ist also grob irreführend. Korrekter wäre »Stiefväter als Täter« oder »Der mütterliche Lebensgefährte als Täter« – doch dabei fiele der Inzest weg und wir kämen der trivialeren Problematik von Müttern, Stiefvätern und pubertierenden Töchtern näher. Erklärt werden muß aber bei den feministischen Hardlinern nicht, wie es zum Inzest kommt, sondern warum er dann doch nicht so allgemein verbreitet ist, wie die Erwartungen hinsichtlich des männlichen Sexualverhaltens vermuten lassen. Für Männer sind Frauen nach dieser Doktrin ja Sexualobjekte und solche, die ihnen nahe stehen, vollends Besitz, über den sie nach Belieben verfügen können, einfach weil sie die Macht haben.

So billigt Susanne Padberg, die Rezensentin des bekannten Buches »Lots Töchter – Über den Vater-Tochter-Inzest« von Josephine Rijnaarts deren Kritik der familien-dynamischen Interpretation des Inzests. Da handelt es sich nicht um eine stillschweigende Übereinkunft zweier infantil bedürftiger Erwachsener auf Kosten eines Kindes, das den Zusammenhalt der Familie gewährleisten will, nein, damit würde »inzestuöses Verhalten zur gelegentlichen Entgleisung und einem gesellschaftlichen Randphänomen bagatellisiert, was die allgemeine Verbreitung des Inzests in unseren westlichen Kulturen verkennt.« Man kommt der Wirklichkeit näher, meint die holländische Autorin, und die Rezensentin von »Psychologie heute« pflichtet ihr bei, wenn man Inzest machttheoretisch als Bestandteil der Männergewalt über Frauen auffaßt. Allerdings müßte man dann noch erklären, warum er nicht auch statistisch den Normalzustand darstellt. In einer völligen Verkehrung der Tatsachen wirft die Kritik daher die Frage auf, »warum nur einige Väter ihre Töchter sexuell mißbrauchen, während andere nicht im Traume daran denken. Rijnaarts kann nur sehr spekulative Überlegungen anstellen«. Väter, tut eure böse Pflicht!

Zum Standardrepertoire der Argumentation gehört auch der nachdrückliche und wiederholte Hinweis, daß der Kindesmißbraucher, natürlich auch der mißbrauchende Vater, ein »ganz normaler Mann« sei, der keinesfalls als Psychopath ausgegrenzt werden dürfe. Es wird also unterstellt, daß Sexualität mit Kindern jeden Alters und Geschlechts, auch den eigenen, zu den Möglichkeiten der Triebbefriedigung jedes Mannes gehört, auch wenn er im Regelfall solche Möglichkeiten aus Angst, Anstand oder Einsicht nicht realisiert. Wer sich auch nur andeutungsweise vor Augen führt, wie rätselhaft nicht bloß die Liebeswahlen, sondern auch die sexuellen Vorlieben im Einzelfall sind, kann kaum glauben, daß der »ganz normale Mann« der sexuelle Allesfresser ist, als der er uns weisgemacht werden soll. Eigentlich müßten die Sozialarbeiter, Therapeuten und Psychologen beiderlei Geschlechts, die neben den Feministinnen ja ebenfalls den »ganz normalen Mann« als

Täter favorisieren, sich das auch sagen. Sie tun es nicht, weil das Argument in zweierlei Hinsicht sehr nützlich ist.

Die bürgerliche Mittelklasse verfügt in ihren moralischeren Fraktionen, zu denen die genannten Experten ja zweifellos gehören, über ein schlechtes Gewissen, das sich aber nicht in Selbstanklage und Selbstaufopferung entäußert, sondern im Erfinden von Entschuldigungen für andere. Kein Täter, den man nicht verstehen, bemitleiden und als Opfer wiederum einer anderen, möglichst anonymen und unpersönlichen Instanz begreifen könnte; denn grundsätzlich ist der Täter immer eine mehr oder weniger extreme Variante meiner selbst. Wenn in Berlin-Moabit ein siebenundvierzigjähriger Frührentner vor Gericht steht, weil er kleine Jungen aus Leidenschaft und Geschäftsinteresse für Pornoaufnahmen angeworben und bezahlt hat, dann bemerkt der Radioreporter nicht, wie widerlich die Taten samt dem dazugehörigen Mann sind, oder auch umgekehrt, wie überraschend sympathisch ein Mann mit so abstoßenden Gewohnheiten und Neigungen doch sein kann, nein, er greift zum Stereotyp vom »ganz normalen Mann«, der hier vor Gericht steht.

Mit dieser Umarmungsstrategie nützt man weder dem Täter, noch hilft sie bei der Aufklärung der Tatbestände; sie dient einzig und allein der kostenlosen Entsorgung der chronischen Schuldgefühle auf Seiten der missionarischen Gesellschaftskritiker. Wer die Anomalie normalisiert, wertet außerdem mit dem Täter auch sich selbst auf, vor allem, wenn er beruflich mit ihm zu tun hat. Der Psychologe beschäftigt sich keinesfalls mit einem hoffnungslos Verwahrlosten, einem Perversen oder Triebtäter, dem zu helfen so gut wie aussichtslos ist, sondern mit einem bedeutenden gesellschaftlichen Problem, das sich mehr oder weniger zufällig im Täter manifestiert. Nur wenn das Problem aus den Randzonen und Randgruppen der Gesellschaft, wo es sich faktisch abspielt, in den Mittelpunkt gerückt werden kann, sind politische Instanzen zu mobilisieren und öffentliche Mittel für Einrichtungen und Hilfspersonal zu gewinnen.

Wie das unter amerikanischen Verhältnissen vonstatten geht, hat Barbara Nelson 1984 in einer soliden politikwissenschaftlichen Untersuchung dargestellt, die leider nicht übersetzt vorliegt, aber auch in den Expertenkreisen, wo man englischsprachige Fachliteratur sonst zur Kenntnis nimmt, nicht die gebührende Beachtung gefunden hat. Die Gründe werden dem Leser von »Making an Issue of Child Abuse – Political Agenda Setting for Social Problems« schnell offenbar. Nelsons Beispiel ist nicht der sexuelle Kindesmißbrauch, sondern das, was auf deutsch als Kindesmißhandlung oder Gewalt gegen Kinder und in Familien das populäre Thema der siebziger Jahre und der ersten Hälfte der achtziger gewesen ist. Die Kindesmißhandlung als eine soziale Krankheit mit hoher Dunkelziffer ist als Import aus den Vereinigten Staaten mit einer etwa zehnjährigen Verspätung bei uns angekommen, wie danach der sexuelle Mißbrauch, von dem man bis dahin so gut wie gar nichts vernommen hatte.

Nehmen wir zum Beispiel Alice Miller, die sich seit ihrem ersten Buch immer wieder zur Fürsprecherin überforderter und in ihren eigentlichen Entwicklungsbedürfnissen vernachlässigter Kinder gemacht hat. Offenbar ist sie weder in ihrer langen Praxis als Psychoanalytikerin, noch bei ihren biographischen Forschungen auf sexuellen Mißbrauch gestoßen — bis ihr das Buch von Florence Rush die Augen über die schaurige physische Realität des Mißbrauchs öffnete, den sie bis dahin doch eher seelisch verstanden hatte. Erst diese Realität erlaubte es, die Freudsche Psychoanalyse endgültig zu desavouieren und die Annahme, daß auch Kinder Triebwesen mit sexuellen Wünschen und Phantasien seien, als Zwecklüge zu entlarven, dazu gut, das Schweigen über das Kinderunglück zu decken, mit all den absehbaren Folgen für den heillosen Zustand der Welt, in der wir leben . . .

Der Rest ist bekannt: Alice Miller gewann die »Brigitte« für das Thema, und aus deren Lesepublikum kamen dann jene einundachtzig Frauen, die erlöst das Schweigen brachen über etwas, das sie nun erst mit Fug und Recht als Wurzel und Grund ihres Lebensunglücks auffassen durften. Einige Fälle wecken Zweifel, ob selbst bei einer großzügigen Definition von »sexuellem Kindesmißbrauch« etwas stattgefunden hat, das die Bezeichnung, assoziiert mit den dramatischen biographischen Folgen, überhaupt verdient. Wenn eine zweiundzwanzigjährige Studentin sich von ihrem Vater verführen läßt, dem sie plötzlich (und endlich) als begehrenswerte Frau erscheint, dann ist das sicher ungewöhnlich und nicht das wünschenswerte Ende einer Vater-Kind-Beziehung. Ebensowenig wird man sich aber davon überzeugen lassen, daß man durch die Rollenverteilung von Täter und Opfer unser Verständnis der Ereignisse mit der Überschrift »Er nannte es Liebe – und machte mich kaputt« gewinnen könnte. Andere Berichte gaben trotz ihres fragmentarischen Charakters und der Zuspitzung auf das nachgefragte Skandalon den Blick auf Verhältnisse frei, die alles andere als durchschnittlich ordentlich gewesen sind, so daß gewisse Vorurteile über das Vorkommen inzestuöser Handlungen in Chaosfamilien, unter Alkoholeinfluß und mit einer ebenfalls unterschichtspezifischen Familiendynamik eher bestätigt als widerlegt werden.

Mit der Kritik an der Darstellung und Präsentation der Fälle wird niemandem das Mitgefühl für erlittenes Unrecht, eine schreckliche Kindheit und unbefriedigende Lebensverhältnisse entzogen, in denen viele stecken ohne große Hoffnung auf Veränderung. Die Frage ist, warum dieses Unglück von Experten und Medien gleichermaßen zuerst als Kindesmißhandlung, unter feministischem Einfluß dann außerdem als sexueller Mißbrauch formuliert und populär gemacht worden ist. In Anlehnung an Barbara Nelsons gründliche Erforschung der Entwicklung in den Vereinigten Staaten lassen sich auch für hiesige Verhältnisse einige Antworten formulieren.

Die Norm der beschützten Kindheit ist eine Erfindung der bürgerlichen Mittelklasse, die von ihr auch in Lebensverhältnisse getragen wird, in denen alle materiellen und persönlichen Voraussetzungen fehlen, diese Norm zu erfüllen, von kulturellen Unterschieden einmal abgesehen. Das ist ein Problem, das die öffentliche Fürsorge und den Kinderschutz von seinen Anfängen an begleitet. Wie ein Beispiel aus der Berichterstattung des »Spiegel« zeigen mag, ist es bis 1990 nicht gelöst. Noch verbreiteter als die körperliche Mißhandlung, so wird behauptet, ist die Vernachlässigung von Kindern, die bei Kleinkindern auch zum Tod führen kann, wie im Fall einer zweiundzwanzigjährigen Mutter, deren fünftes Kind eines Morgens tot in seinem Bett lag: Der Mann ist arbeitslos und schlägt sie, die Familie hat Schulden und lebt in einer Anderthalb-Zimmerwohnung, ohne Waschmaschine. Während der fünften Schwangerschaft unternimmt die Mutter einen Selbstmordversuch, wird aber gerettet und bringt das Kind zur Welt. Es gedeiht nicht, aber sie traut sich nicht zum Arzt, weil sie Vorwürfe befürchtet. Sie selbst magert ab, wird immer apathischer. Dann ist das Kind tot.

»Vera Körner faßt es nicht. ›Ich hab ihn nicht verhungern lassen. Er hat gegessen, bis zum letzten Tag. Ich hab ihn genauso lieb gehabt wie alle anderen Kinder.‹« Ein Soziologe erkennt in der Unfähigkeit vernachlässigender Eltern, Hilfe zu erbitten oder sogar einzufordern, das Kernproblem. Eine Sozialpädagogin ergänzt und vertieft, »die Eltern hätten nie gelernt, für sich selbst gut zu sorgen, und scheiterten deshalb auch an dem Versuch, ihren Kindern gegenüber Fürsorglichkeit zu entwickeln. Letztendlich verüben sie an ihren Kindern, was zuvor ihnen angetan wurde.«

Nach diesen Interpretationen handelt es sich auch hier um ganz normale Eltern, Väter und Mütter, die leider nur gewisse Defizite in ihrem Verhalten gegenüber ihren grundsätzlich und pflichtschuldigst geliebten Kindern aufweisen, ein Versagen, das man ihnen nicht einmal zum Vorwurf machen kann, weil sie selbst nicht erfahren haben, was Fürsorge ist. Alles läuft also auf emotionale Lern- und Erfahrungsdefizite hinaus, die von Eltern an Kinder so lange weitergegeben werden, bis ein mitfühlender Sozialarbeiter, ein Therapeut oder sonst eine hilfreiche Instanz die Kette des Unglücks zerschneidet. Heilige Einfalt, möchte man rufen, wenn nicht zugleich mit der analytischen Menschenfreundlichkeit die Experteninteressen ins Spiel kämen; denn das Ausmaß des Verständnisses für alles und jeden ist ja gleichbedeutend mit der Zuständigkeit der eigenen Profession, die Hilfe und Rettung verspricht. Kann aber jemand im Ernst glauben, Elend von der eben angedeuteten Dimension könne sozialisationstheoretisch und psychologisch erklärt und mit Methoden und Mitteln selbst der avanciertesten Sozialarbeit behoben werden?

Wenn eine zweiundzwanzigjährige Frau heutzutage unter den geschilderten Bedingungen zum fünften Mal Mutter wird, dann ist sie offenbar ziemlich verwahrlost und außerdem strohdoof. Am meisten erschreckt hat mich an der Geschichte, wie die Frau unter dem Druck, den Tod ihres Kindes zu erklären und vermutlich beeinflußt von den Fragen einer allzu verständigen Interviewerin, ihre Mutterliebe für alle Kinder, auch das tote, als letztes, unwiderlegliches Argument für ihre Unschuld anführt. Damit findet sie vollends Anschluß an eine bürgerliche Betrachtungsweise, in der es nur Individuen gibt, die versagen, oft schuldlos, wie diese normale, aber hilfsbedürftige Mutter. Daß hier ein ganz anderes Elend zutage tritt, als das einer desorganisierten Familie, ein Elend, dem überhaupt nicht abzuhelfen ist – das darf sich niemand eingestehen, der Kindesmißhandlung oder Vernachlässigung als lösbares soziales Problem formulieren will, das in den Händen der Pädagogen und Psychologen bestens aufgehoben ist.

Ein soziales Problem, überspitzt Barbara Nelson diese Einstellung, wird individuell verursacht, ist mithin lokalisierbar, kann als Krankheit beschrieben und mit einigen Dosen therapeutischer Konversation geheilt werden. Trotz gelegentlicher Hinweise auf Arbeitslosigkeit und dadurch verursachte materielle Nöte, auf schlechte Wohnungen und ein gewalttätiges Milieu, hat man in den USA und bei uns deshalb immer auch versucht, nicht nur die epidemische Verbreitung von Mißhandlung und Vernachlässigung, sondern auch ihr Vorkommen unabhängig von Klassen- und Schichtzugehörigkeit nachzuweisen. Mit noch mehr Nachdruck und vielleicht mehr Aussicht auf Erfolg wird der Mythos der Klassenlosigkeit eines Verbrechens auch für den sexuellen Mißbrauch gepredigt, ja, hier scheint man sogar noch weiter zu gehen und ein Übergewicht der Täter aus besseren Kreisen zu unterstellen.

Warum wird auf die Klassenlosigkeit so viel Wert

gelegt? Die Argumente, die für sie zu sprechen scheinen, sind immer dieselben: Täter und Opfer aus höheren sozialen Schichten werden nur deshalb so selten entdeckt, weil es dort oben bessere Möglichkeiten gibt, sich der sozialen Kontrolle durch Polizei, Jugendamt und Ärzte zu entziehen; mit Geld und Beziehungen läßt sich eben alles regeln . . . So ist es, aber diese gesellschaftlichen Platzvorteile werden von vornherein anders genutzt, als es sich die puritanischen Kritiker der liederlichen Oberklasse und bürgerlichen Parteigänger des Allgemeinmenschlichen vorstellen. Ein Chef kann seine Macht- und Kontrollbedürfnisse, ja seine Perversionen in weitem Umfang nicht nur kaschieren, sondern strafgesetzlich einwandfrei – organisieren. Sein Aktionsradius beschränkt sich nämlich nicht auf seine Kleinfamilie.

Aus zwei Gründen ist das Argument der Klassenlosigkeit gegen jede Vernunft essentiell. An einfachen Armuts- und Hilfsprogrammen kann niemand verdienen. Der zivilisatorische Impetus der Helfer kommt nicht zum Zuge, sondern wird auf Müllwerkerstatus herabgestuft, wenn es nur um Aufräum- und Korrekturaufgaben in gesellschaftlichen Randgruppen geht, zu denen die Helfer nicht gehören und aus denen sie kein Prestige beziehen können. Man erinnere sich an die Schul- und Bildungsreform in den sechziger Jahren, mit der ausgesprochenen Akzentuierung der Klassengegensätze und des proletarischen Nachholbedarfs an Schul- und Universitätsabschlüssen, um den Unterschied zur moralischen Reform heute zu ermessen. Die

Entdeckung einer neuen Klientel für die Höhere Schule und die Universitäten ging ja einher mit dem Ausbau dieser Einrichtungen und einer ziemlich beispiellosen Vermehrung von Stellen im öffentlichen Dienst. Sozial denkendes oder sogar klassenkämpferisch motiviertes Lehrpersonal konnte seine Bildungsmission bestens mit der eigenen beruflichen Absicherung und der Karriere verbinden. Ein Ausbau der sozialen Dienste, der dem des öffentlichen und kostenlos zugänglichen Bildungswesens entsprochen hätte, ist aus mehreren Gründen bisher unterblieben. Erstens: Schule und Berufsausbildung werden traditionell öffentlich organisiert oder kontrolliert, die Seelenbildung nicht. Zweitens: Darüberhinaus ist das Familienleben und die Kindererziehung Privatsache – bis zum strafrechtlich relevanten Gegenbeweis oder kurz davor. Drittens: Es gibt kein allgemeines Interesse an der moralischen Reform außerhalb der Gruppen, die professionell auf dem Gebiet arbeiten oder dort arbeiten wollen. Man kann es nur wecken, wenn die Gefahr allgemein und riesengroß erscheint. Was mit dem Thema der Kindesmißhandlung nicht gelingen wollte, die Erzeugung moralischer Panik, scheint mit dem sexuellen Mißbrauch eher zu funktionieren. Sex ist nicht klassenspezifisch, hat nichts mit Armut und anderen sozialen Deprivationen zu tun, so scheint es. Klassenübergreifend sündigt der »ganz normale Mann« am Kind, das seinem Trieb geopfert wird, auch wenn es am Leben bleibt.

5. Wie viel Sexualität braucht ein Kind?

Der Puritanismus moderner Gesellschaften manifestiert sich nicht mehr darin, daß Polizei, Zensurbehörden und Staatsanwälte eingreifen, wenn ein nackter Busen auf der Filmleinwand erscheint, sondern im Zwang, von der Vernunft eröffnete Freiheitsräume immer wieder mit panischer Angst zu besetzen und sich in wilden Katastrophenphantasien zu ergehen. Die ehedem rechtlosesten Gruppen wie Frauen und Kinder, von Immobilität und moralischen Repressionen ehedem am schärfsten betroffen, erscheinen plötzlich, in einer völligen Verkennung der abgelaufenen Emanzipationsprozesse, als Opfer einer liberalen Gesellschaftsordnung, in der sie rücksichtslos ausgebeutet, mißachtet und eben − mißbraucht werden können.

Weil es zwischen Autofahrern und Fußgängern, zu denen ja auch Kinder gehören, einen chronischen Interessenkonflikt gibt, der von Fall zu Fall verschieden ausgehandelt werden muß; oder weil die Konsummöglichkeiten von Familien eingeschränkter sind als bei Leuten ohne Kinder, ist man zu der Feststellung nicht berechtigt, ein Merkmal unserer Gesellschaft sei ihre

»Kinderfeindlichkeit«. Das spricht allen historischen Tatsachen Hohn. An den wirklichen Problemen vorbei führen auch jene Parolen, mit denen die Frauenfrage in archaische Denkschemata gepreßt wird. Es ist zwar richtig, daß Frauen ein spezifisches Sicherheitsrisiko haben, das sie berücksichtigen müssen; wie die Kriminalstatistik lehrt, liegt es aber deshalb nicht höher, als das anderer Leute. Bedenkt man schließlich, daß die Frauen in den vergangenen hundert, zweihundert Jahren ihre Lebenserwartung um bald zehn Jahre über die der Männer steigern konnten, wäre der Schluß, daß Männer gefährlich leben, plausibler als der umgekehrte . . .

Wohlwollende Betrachter moralischer Kampagnen, ob sie sich nun mit frauenfeindlicher Werbung, jugendlichem Videokonsum, Gewalt, Pornographie, sexueller Belästigung am Arbeitsplatz oder eben Kindesmißbrauch befassen, könnten deren eigentümlichen Rigorismus mit der Erfahrung relativieren, daß nichts so heiß gegessen wird, wie es gekocht wurde. Übertreibungen abgerechnet, komme engagierten Feministinnen doch das Verdienst zu, diese Tabuthemen furchtlos auf den Tisch des Hauses gelegt zu haben. So argumentiert auch Mathias Hirsch in seinem lesenswerten Buch über den »Realen Inzest«, wo der Psychotherapeut aus der eigenen langjährigen Praxis Patientinnen und Fälle vorstellt, die der lebensgeschichtlichen Situierung solcher Beziehungen gegenüber den schauerromantischen Gruselstories anderswo Rechnung tragen.

Das Wohlwollen ist übel angebracht; denn Themen

und Probleme, deren öffentliche Akzeptanz sich einer moralischen Katerstimmung verdankt, Freud sprach vom »Unbehagen in der Kultur«, dem Schuldgefühl moralisch korrekter Menschen, werden falsch formuliert und falsch gelöst. Es gibt historisch abschreckende Vorbilder für solche Verzerrungen, in denen Fürsorge und Fortschritte sich mit fatalen Regressionen und Fixierungen verbunden haben. Die bürgerliche Entdeckung des Kindes im achtzehnten Jahrhundert und die Entwicklung der Pädagogik als einer Strategie seiner sorgfältigen Pflege und Bildung gingen einher mit dem aberwitzigsten moralischen Terror gegen das Kind. Wie viel Papier – und wäre es nur Papier gewesen – ist auf die Diskussion der Onanie vergeudet worden, von berühmten und unberühmten Erziehern! Als ob in der Sexualität aller Widerstand gegründet wäre, den ein kindliches Individuum den guten Absichten der erwachsenen Lehrer, die es sich als tabula rasa wünschten, entgegensetzen könnte.

Bis Freud auftrat, war das Kind sichtbar um den Preis seiner sogenannten Unschuld, seines idealen Ausschlusses aus dem Leben, in das es didaktisch portioniert eingeführt wurde. Unter der Überschrift konstitutionelle Schwäche, Verführung durch falsche Lektüre, Federbetten, schlechte Freunde, üppiges Essen und mangelnde Aufsicht konnte jede sexuelle Regung eines Kindes als unnatürlich diskriminiert und bekämpft werden – wenn man ihrer habhaft wurde: Mit der Erforschung des sexuellen Kindesmißbrauchs hat die Onaniebekämpfung gemeinsam, daß die Kinder sich über das Laster meist ausschweigen, so daß beide, der Erzieher damals und der Therapeut heute, auf eine Checkliste angewiesen sind, auf Proben und Tests, um sicher zu gehen, ob der Verdacht gerechtfertigt ist.

Puppenspiele, Rorschachtests, Verhaltensbeobachtungen und die Interpretation von Zeichnungen dürften heute kaum bessere Methoden der Früherkennung sein, als die Spurensuche gewissenhafter Pädagogen im achtzehnten und neunzehnten Jahrhundert, die die Haltung der Hände im Schlaf, die bleiche Gesichtsfarbe, das reizbare oder gedrückte Wesen eines Kindes zu deuten suchten. Parallelen kann man auch da sehen, wo der mutmaßliche Schaden am Kind mit dem verglichen werden muß, den die Untersuchung des Delikts mit Bestimmtheit anrichtet.

Der philanthropische Pädagoge Peter Villaume will das Kind in flagranti ertappen und rät deshalb dazu, einen Spion, ja, eigentlich einen Agent provocateur anzuheuern: Ein Freund, eine Freundin, die der Pädagoge ins Vertrauen zieht, möge mit dem verdächtigen Kind in einem Bett schlafen. »Im Bett fällt Scham und Mißtrauen leicht weg. Wenigstens wird's nicht lange währen, daß sich die Kleinen nicht durch Reden oder Taten verraten.« Wenn amerikanische Eltern heute ihre beiden Töchter einem Therapeuten überantworten, weil die Kinder von einem Babysitter zweimal genital manipuliert worden sein sollen, dann weiß man auch nicht, ob die Kur nicht schlimmer als das Übel ist. Es ist ja überhaupt nicht klar, ob Kindern nicht großes Unrecht geschieht, wenn man sie ohne ihre

Zustimmung und ihren Willen ausforscht und aushorcht, weil man meint, so späteren Schäden vorbeugen zu können.

Kinder, die ihren Eltern ein Erlebnis erzählen, definieren sich deshalb noch lange nicht als mißbraucht und hilfsbedürftig. Was sie benötigen ist kein therapeutisches Gespräch mit einem Fremden, der unter Umständen schon ihre mangelnde Kooperationsbereitschaft als böses Zeichen deutet, sondern eine sachliche Interpretation des Vorfalls, in der die sexuellen Motive des Mißbrauchers so wenig verschwiegen werden wie das Recht und die Pflicht des Kindes, sich solchen Avancen zu entziehen — wenn das die Meinung der Eltern ist. Die Bereitschaft zur Indiskretion durch die Beiziehung von Dritten, der generell mangelhafte Respekt vor der kindlichen Intimsphäre, in die man glaubt jederzeit eindringen und dort herumregieren zu können, unterscheiden sich in ihren Auswirkungen nicht von den seltsamen Strategien, mit denen Pädagogen vergangener Zeiten — auch mit den allerbesten Absichten für das Kind — viel Unheil angerichtet haben.

Gedacht werden muß auch an den absehbaren Schaden, den ein allgemeines Klima des Mißtrauens und der Angst vor sexueller Verderbnis mit sich bringt. Ein neuerer Leitfaden zur Therapie sexuell mißbrauchter Kinder und ihrer Familien aus den Vereinigten Staaten gibt einen ganz guten Eindruck davon, wie schnell der anfänglich beabsichtigte Schutz der Kinder vor erwachsener und/oder gewalttätiger Sexualität sich ausweitet zur Verfolgung jedweder sexueller Initiative selbst unter Kindern einer Altersgruppe. Während sich noch nie jemand über das Ausbleiben wünschenswerter sexuell-erotischer Aktivitäten bei Kindern Sorgen gemacht hat, werden Checklisten angelegt, in denen auffällige, unangemessene, im Grunde eben doch einfach ungehörige und unartige Verhaltensweisen zum Ankreuzen gesammelt werden.

Ich habe nichts gefunden, das mir nicht aus meiner eigenen Kindheit schon bekannt oder später bei anderen noch bekannt geworden wäre. Nun weisen die Verfertiger solcher Listen natürlich immer darauf hin, daß auch das übrige Verhalten eines Kindes berücksichtigt werden müsse. Es scheint nämlich so zu sein, daß ein Kind nie bloß sexuell, sondern immer zugleich auch in anderen Bereichen seines Verhaltens und seiner Entwicklung gestört ist. Warum überläßt man dann die kindliche Sexualität nicht sich selbst und kümmert sich um die Bereiche, wo klarere Ansichten über falsch und richtig die pädagogisch-therapeutischen Interventionen anleiten können?

Lehrreich ist in dieser Hinsicht der Fall einer jungen Frau, die von ihrem Stiefvater zwischen dem zwölften und fünfzehnten Lebensjahr zweimal wöchentlich sexuell mißbraucht worden ist, während die nichtsahnende Mutter abwesend war. Zu dieser Ansicht kam jedenfalls das Gericht und verurteilte den leugnenden Stiefvater zu sieben Jahren Gefängnis. Nach Hinzuziehung einer auf Mißbrauchsfälle spezialisierten Psychologin sah es die Glaubwürdigkeit des Opfers, das wie häufig in solchen Fällen auch die einzige Zeugin ist, für erwiesen an. Dem Strafrecht ist damit Genüge getan.

Trotzdem bietet der Fall zwei Ansichten. Auf der einen Seite sieht man eine inzwischen einundzwanzigjährige Frau, deren Lebensunglück von langer Hand vorbereitet ist, lange ehe der Stiefvater in ihr Leben trat und sich nicht an die Bestimmungen des Strafgesetzbuches hielt. Manuela, so wird sie in Gisela Friedrichsens »Spiegel«-Bericht genannt, ist unehelich geboren. Das müßte zwar 1970 keine Katastrophe mehr sein, ist es aber in dem Fall schon ansatzweise. Das Kind wächst in Säuglingsheimen, Pflegestellen und bei Tagesmüttern auf, ehe die Mutter es zu sich und dem Stiefvater nach Hause holt. Wann das war, sagt der Bericht nicht.

»Sie hat schwer sprechen gelernt, sie hat schlecht gegessen, sie mußte zu allem gezwungen werden. In der Schule fand sie nicht Anschluß . . . Sie wurde viel geärgert, ließ sich viel gefallen . . . Mit 12, 13 hat sie häufig erbrochen. Sie fing an, andere Kinder zu beklauen, in Kaufhäusern zu stehlen . . . Die durchschnittlichen Leistungen in der Schule ließen auffallend nach.« Immer wieder wird dieses schwierige Kind und heranwachsende Mädchen psychiatrisch begutachtet und ist, so kann man es den Andeutungen des »Spiegel« entnehmen, so gut wie dauernd in psychotherapeutischer Behandlung. Dennoch eskalieren die Probleme so, daß Manuela auf Anraten einer Psychologin, nominell aber aus eigenem Entschluß, mit fünfzehn Jahren in ein Heim kommt. Dort bleibt sie, bis sie achtzehn und damit volljährig ist.

In diesem Heim scheint sie zum ersten Mal mit einer weiteren Psychologin über den sexuellen Mißbrauch durch ihren Stiefvater gesprochen zu haben. Auch die Mutter erfährt schließlich, was passiert ist, und sie erstattet 1987 Anzeige gegen den Stiefvater, mit dem sie mittlerweile in Scheidung lebt. Über das weitere Leben ihrer Tochter heißt es im »Spiegel«: »Manuela verließ mit achtzehn das Heim. Sie geriet an Männer, die sie ausnutzten. Sie sollte anschaffen gehen. Sie hat es zeitweilig getan.« Wen wundert das bei der Vorgeschichte? 70 Prozent aller Prostituierten, so beruft sich Gisela Friedrichsen auf einen Experten aus dem Bundeskriminalamt, sind als Kinder sexuell mißbraucht worden. Auch Drogenabhängigkeit, so kann man anderswo lesen, steht in einem kausalen Zusammenhang mit diesem Verbrechen an Kindern.

Mit anderen Worten, der Stiefvater ist auch an dieser beklagenswerten Entwicklung Manuelas schuld. Er leugnet oder verleugnet bis heute, was ihm zur Last gelegt wurde. Was erfahren wir sonst noch über ihn und seine Motive? Er ist sechsundvierzig, von Beruf »Operator«, war also zur Zeit, als der Mißbrauch stattfand, siebenunddreißig oder achtunddreißig Jahre alt. Als Kind hatte er unter »dominierenden« Eltern zu leiden, deren Leistungsanforderungen er nicht gerecht werden konnte. Er heiratete eine Frau, Manuelas Mutter, die ihn wiederum beherrscht, aber in Gestalt eines schwierigen, ungewollten Kindes ihm auch einen Menschen zur Verfügung stellt, dem er sich überlegen fühlen und den er beherrschen kann.

Warum er seiner Macht über das Kind einen sexuellen Ausdruck geben muß bleibt dunkel; es sei denn, man interpoliert hier die allzu schlichte und nach langen Vergewaltigungs- und Mißbrauchsdebatten geläufige Auffassung, Männer wüßten im Normalfall Sexualität von Macht und Gewalt nicht zu unterscheiden. Dann wäre auch in diesem Fall der Täter ein unzivilisiertes sexuelles Tier, das seinen Trieben nachgeben und sich wild ausgelebt hat. Ich habe den Andeutungen über Mohrrüben, Massagestäbe, Partnertausch und Pornovideos etwas anderes entnommen, nämlich die Verzweiflung eines impotenten, von schwerster Kastrationsangst getriebenen Mannes, der mit einer anderen Frau sofort das Weite suchte, als er mit ihr auf »normale« Weise Befriedigung finden konnte, auch auf eine, die ihn nicht mit dem Gesetz in Konflikt brachte. Der Rat des Richters an den Verurteilten, der sieben Jahre Gefängnis vor sich hat, er möge nun auch darüber nachdenken »wie er künftig mit seiner Sexualität umgehen wolle«, geht am Problem, das der Sexualtrieb diesem Mann, und in anderer Form jedem Menschen stellt, zynisch-naiv einfach vorbei.

Daß letztendlich der Täter auch einmal Opfer war, das sieht das Gericht und auch die Berichterstatterin des »Spiegels« allerdings ein. Aber ist dieses Verständnis nicht längst zur Phrase eines aufgeklärten Publikums geworden, das mit dem Schuldspruch auch seine eigene Ahnungslosigkeit erhalten und seine Ohnmacht kaschieren will? Ganz im Sinne von Alice Miller schließt der zweite »Spiegel«-Bericht über die Revi-

sionsverhandlung, in der die Glaubwürdigkeitsprü-
fung des Opfers nachgeholt wurde, mit folgenden
Worten des Richters über den Täter: »Auch er ist
einmal ein beschädigtes Kind gewesen.« Das ist kein
Satz der Aufklärung, sondern eine larmoyante Endlos-
schleife, die uns je nach Temperament vor dem Schicksal resignieren läßt, oder uns in die ziellose Erregung
versetzt, aus der heraus viel, aber nichts Vernünftiges
getan werden kann.

Wenn das Verständnis für den Täter gratis ist, der
eben früher auch einmal Opfer war — und so ad infinitum, gelangen wir schnell zurück zum Konzept der
Erbsünde —, dann muß man genau so fragen, ob dem
Opfer Manuela Gutes geschieht, wenn es Carte blanche
bekommt, weil es als Kind und heranwachsendes Mädchen die Sexualität eines erwachsenen Mannes zu ertra-
gen hatte. »Wenn ein Kind mißbraucht wurde«, heißt
es in dem Bericht, »ist sein späteres Verhalten in aller
Regel das Ergebnis des Mißbrauchs.« Deshalb fällt
wohl auch kein Sterbenswörtchen über das Verhältnis
zum Stiefvater vor oder neben den ermittelten Miß-
brauchsakten, die wie sterile Vignetten des absoluten
Grauens um so mehr Schrecken verbreiten. Mag in
diesem Fall die Technik auch eine Funktion der juristi-
schen Kodifizierung der Mißbrauchshandlungen sein,
so geht der Effekt beim normalen Publikum, das solche
Vignetten zu hören und zu lesen bekommt, weit darüber hinaus.

Bezeichnungen wie »oraler« oder »analer Sex« zum
Beispiel werden mit dem Pesthauch des Perversen und

Monströsen umwölkt, so daß im Hintergrund die Ahnung auftaucht, »geschützter Verkehr« nach schriftlicher Vereinbarung vor Zeugen mit geordneten Gliedmaßen sei wohl das einzige, was anständigen Menschen überhaupt noch bleibt. Weil in dieser Geschichte und diesem Prozeß wie anderswo auch über alles geredet, alles beschrieben, alles gezählt wird, gerade deshalb wird das Thema Sexualität vermieden und verfehlt. Was sich dabei ausbreitet ist nicht Verständnis und Einsicht, sondern Ekel, Unlust, Depression.

Das liegt natürlich nicht in der Absicht derer, die sich des sexuellen Mißbrauchs von Kindern als eines Tabuthemas unserer Gesellschaft angenommen haben. Sie wollen aufklären, schützen, therapieren, uns vertraut machen mit den Zeichen des Verbrechens und seinen schrecklichen Folgen. »Jedes vierte Kind?«, wird im Spiegel gefragt, anderswo längst unterstellt. »Die Kinder senden eine Fülle von Notsignalen aus. Auch Manuela hat das getan. Man muß nicht besonders sachkundig sein, um heute noch zu sehen, wie verzweifelt und erfolglos sie um Hilfe gefleht hat.«

Hat sie das? Nichts spricht dafür — und hätte sie es gekonnt, wer wäre imstande gewesen, ihr zu helfen? Fehlt es uns nur an Institutionen, speziell ausgebildetem Personal, an Therapieplätzen und flächendeckender Aufklärung? Ich habe keine Zweifel an der Schuld des Stiefvaters, an der Wirklichkeit der Handlungen, deretwegen er verurteilt wurde; ich insinuiere nicht eine Mitschuld des Opfers und plädiere auch nicht für eine Revision des Strafrechts, das sexuelle Handlungen zwischen Kindern und Erwachsenen verbietet: Jeder Pädophile weiß, daß er Kinder verführen und bestechen muß, weil sie alles mögliche von Erwachsenen wollen, sich aber nie in einen verlieben, ihn gar sexuell begehren, wie es umgekehrt der wirklich tragische Fall ist. Nach dieser Bekundung meines guten Willens und meiner Überzeugung hoffe ich, für meine Nutzanwendung aus der Geschichte Manuelas doch noch Aufmerksamkeit zu finden.

Über viele Jahre, wahrscheinlich ihr ganzes Leben lang, war Manuela im Visier pädagogischer, ärztlicher, psychotherapeutischer Instanzen. Viele haben ihr Süppchen an diesem Fall gewärmt, geholfen hat ihr niemand, wenn es denn möglich gewesen wäre. Drei Jahre lang hat der Stiefvater sie sich sexuell gefügig gemacht; ebenso lange war das Mädchen dann aber auch in einem Heim, wo jeder Platz mehrere tausend Mark im Monat kostet, aber nicht wert ist. Niemand kann offenbar verlangen, daß dort grundlegende seelisch-intellektuelle Reparaturleistungen von professionellen Helfern erbracht werden.

Aber hat Manuela in diesem Heim wenigstens einen Schulabschluß gemacht, eine Berufsausbildung begonnen? Wenn sie nach dem Heim auf den Strich geht, dann wollen wir doch lieber nicht gleich den Stiefvater dafür verantwortlich machen, der auf den Verderb junger Mädchen nicht studiert hat wie andere auf die sozialpädagogische Rettung unterprivilegierter, schwieriger oder sogar gestörter Kinder. Wenn heute mit so viel Verve der sexuelle Kindesmißbrauch als neues Aufgabenfeld für die einschlägigen sozialen Berufe und Einrichtungen reklamiert wird, dann müssen wir uns doch erst einmal nüchtern fragen, ob sie nach den bisherigen Erfahrungen überhaupt schlichtere Hausaufgaben zu lösen imstande waren. Wie die Schule in ihrer vergleichsweise langen Geschichte gezeigt hat, Fürsorgeeinrichtungen und -maßnahmen liefern weitere Beispiele, sind die Möglichkeiten, das Kindeswohl im allgemeinen wie im einzelnen mit ihren Mitteln zu optimieren, recht gering.

Wer mit Sicherheit von Investitionen auf solchen heiklen Feldern profitieren wird, sind die Betreiber derartiger Einrichtungen. Der Lehrerstand war, kurz gesagt, mit der Schule erfolgreicher als die Schüler, für die sie eigentlich gedacht war. In den letzten Jahren – so meine Hypothese – sind immer mehr Studienabsolventen auf der Suche nach einem Arbeitsplatz im sozialen Bereich unterwegs gewesen; denn der Bildungsmarkt ist bekanntlich dicht. Es muß also ein neuer Bedarf produziert werden, auf den dann mit Geldern, Planstellen, Beratungseinrichtungen und Fortbildungsmaßnahmen reagiert werden kann.

Wegen des humanen Engagements im Vordergrund der Mißbrauchsdebatte übersieht man in der Regel, daß die Produktion und der Absatz von sozialpädagogisch-therapeutischem Know-how denselben Gesetzen unterliegt, die auch sonst im Wirtschaftsleben herrschen. Mit einem wichtigen Unterschied: Der Mißerfolg eines Unternehmens schlägt sich in den roten Zahlen nieder, die es unter Umständen schreiben muß, während es vergleichbare Erfolgskontrollen bei sozialen Diensten im Wohlfahrtsstaat nicht gibt. Wir respektieren die menschenfreundlichen Absichten und Ideen und wiegen uns gern im Glauben, auf diesem Gebiet könne nie genug geschehen und geschähe leider aus Mangel an Geld immer zu wenig. Die Vorstellung, daß es auch hier überflüssige, umweltschädigende Produkte gibt, ist uns völlig fremd, genauso wie die Verdächtigung womöglich auch noch wissenschaftlich ausgewiesener Experten als rüde Interessenten und Konkurrenten auf einem umkämpften Markt.

Der Fall Manuela könnte uns eines Besseren belehren. Nach langen Mühen ist es hier nämlich allen beteiligten Kinderfreunden und Kinderschützern geglückt, für dieses schwierige Kind und diese eigenartige junge Frau nichts als eine Schublade zu finden, in der sie abgelegt werden kann; denn von sich aus oder gar freiwillig ist sie nicht hineingekrochen. Das Etikett lautet »sexuell mißbraucht«, und es erleichtert die Arbeit natürlich, daß das minderjährige Mädchen tatsächlich von ihrem Stiefvater in ein Sexualverhältnis verwickelt worden ist.

Es war schon davon die Rede, daß das Kind praktisch lebenslang immer wieder begutachtet und therapiert worden war, ehe es im Kinderheim von einer Psychologin als Mißbrauchsopfer erstmals identifiziert werden konnte. Nicht, daß diese Expertin Manuela etwas eingeredet hätte, das nicht stattgefunden hat, ist der Skandal, sondern daß sie sie ausgeforscht, zu Beichte und Geständnis getrieben hat, über Vorgänge, die das Mäd-

chen mit aller Kraft verschweigen wollte. Die Angeklagte muß aber gestehen, wenn sie sich weigert, wird
sie gefoltert, dann wird sie schon sprechen. Natürlich
ist Manuela nicht angeklagt, aber die zerstörerische
Prozedur, mit der sie zum unschuldigen Opfer gemacht wird von anderen und für andere, nicht für sich
selbst, ist dieselbe.

Immer wieder ist in den »Spiegel«-Berichten die
Rede davon, wie schwer es war, das Schweigen des
Opfers zu brechen, wie viel Können und Geduld erfor-
derlich waren, damit sie sich der Psychologin »ganz
langsam öffnete«, wie lange es dauerte, bis sie sich
»endlich auch der Mutter zu offenbaren begann«. Dieser sogar noch schriftlich, so daß der Richter sie später
bitten kann vorzulesen, was der Stiefvater alles mit ihr
gemacht hat. »Sie bringt keinen Ton heraus. Sie sitzt
wie versteinert. Die ganze Vernehmung über bewegt
sie sich nicht.«

Keinen Augenblick, von 1985 bis zur Gerichtsver-
handlung 1991, kommt jemand auf die Idee, daß das
Schweigen eines Menschen – auch ein Kind ist übrigens ein Mensch – zu respektieren, und daß man es im
Fall von Manuela von Anfang an an diesem Respekt hat
fehlen lassen. Ganz im Gegenteil mißverstehen alle
systematisch ihr Schweigen, ihre Verweigerungshal-
tung, ihr Sträuben gegen neue Begutachtungen und
Prüfungen in diesen ganzen Jahren als eindeutige Folge
und sprechenden Ausdruck des grauenhaften Verbrechens, dem sie zum Opfer gefallen ist. Wieder einmal
wird der Gottseibeiuns der Sexualität beschworen wie

damals bei den Philanthropen, die sich auch nicht scheuten, die Kinder ins Gebet zu nehmen, sie zu belauschen und zu bespitzeln, ja, ihnen Syphilitiker im Endstadium vorzuführen, damit sie wußten, was ihnen gegebenenfalls drohte.

Wer profitiert von der Etikettierung Manuelas als Mißbrauchsopfer? Manuela selbst gewiß nicht; denn das erpreßte Geständnis ist keine Therapie, auch nicht der Anfang davon – wenn denn die junge Frau je eine haben wollte. Warum hat sie sich dem Stiefvater nicht entziehen können? Oder später den Wünschen von Männern, die sie auf den Strich schickten? Vermutlich hat sie in diesen Beziehungen – so schwer erträglich unsereinem diese Vorstellung auch ist – etwas erlebt und erfahren, das ihr gefiel, das ihr guttat, mehr als alles, was ausforschende Sozialarbeit ihr je gegeben hat, mehr als alles, was *wir* ihr zu bieten haben.

Die gute Gesellschaft hat im Fall Manuelas ihre Chance gehabt von Anfang an – und nicht nutzen können. Reden wir uns nicht darauf hinaus, daß beängstigend viele »normale« Männer Schweine sind und Kindesmißbrauch ein Tabuthema ist, ein Kavaliersdelikt, das wir vertuschen und das endlich auf die Tagesordnung gehört. Wenn es so einfach wäre! Was wir partout nicht wahrhaben wollen: Das Leben ist ungerecht und Unglück alltäglich, und wer daran heute etwas ändern will, muß auch noch auf den letzten Rest von Messianismus oder gesellschaftskritisch-feministischem Wischiwaschi verzichten können.

Die Anregung, mich mit dem Thema dieses kleinen Buches zu beschäftigen, bekam ich von Reinhart Wolff. Als Präsident des 8. Internationalen Kongresses über Kindesmißhandlung und Vernachlässigung, der 1990 in Hamburg stattfand, lud er mich ein, dort einen Vortrag über »Symbolische Kreuzzüge – Kinderschutzideologie der Moderne« zu halten. Meine frühere Auseinandersetzung mit Weltverbesserern, die korrekt zugerichtete Kinder zu Garanten einer lichten Zukunft machen wollten, schien ihm eine gute Voraussetzung dafür, die gegenwärtige Obsession mit Gewalt und sexuellem Mißbrauch kritisch zu analysieren. Nicht jeder, der für Kinder spricht, ist willens und in der Lage, sich für ihre Interessen einzusetzen.

Hier wende ich mich an normale Zeitgenossen, nicht an Experten und Professionelle auf dem Gebiet der Sozialarbeit, sondern an Leute, die mit dem Thema in der Zeitung, im Fernsehen oder ihrem Ortsverein und ihrer Kindertagesstätte bekannt gemacht werden. In erster Linie habe ich Berichte und Meldungen, Analysen und Kommentare verwertet und atmosphärisch gedeutet, die jedem zugänglich sind, der eine oder mehr Tageszeitungen abonniert hat, die landesüblichen überregionalen Magazine und Wochenzeitungen liest und einen Fernseher nicht grundsätzlich ablehnt. Quellenmäßige Nachweise schienen mir überflüssig, weil Tendenzen und Tricks überall dieselben sind; mehr als bei anderen Themen ist es egal, ob man »Bild« oder »Spiegel« konsultiert. Ja, von ganz wenigen Ausnahmen abgesehen, ist auch die wissenschaftliche Literatur, sind Forscher und Experten nicht schlauer als die Journalisten, sondern Träger derselben Vorurteile.

Dankbar möchte ich aber die nennen, deren Arbeit mir geholfen hat, meinen Kopf aufzuklären. So wie das Thema überhaupt aus den angelsächsischen Ländern importiert ist, so sind auch die meisten Forschungen in englischer Sprache abgefaßt und nicht übersetzt. Für den großen historischen Zusammenhang nenne ich *Elizabeth Pleck: Domestic Tyranny. The Making of American Social Policy against Family Violence from Colonial Times to the Present, Oxford 1987.*

Die Doppeldeutigkeit feministischen Engagements ist behandelt von *M. P. Ryan: Mief und Stärke. Ein frühes Lehrstück über die Ambivalenzen weiblicher Moralisierungskampagnen.* In dem Sammelband von *Claudia Honegger und Bettina Heintz* zu finden: *Listen der Ohnmacht, Frankfurt 1981.* Den Zusammenhang von sozialer Diskriminierung und fortschrittlicher Jugendpolitik behandelt *Anthony Platt: The Child Savers – The Invention of Delinquency, Chicago 1977.* Hier gibt es auch ein deutschsprachiges Äquivalent: *Detlev J. K. Peukert:*

Grenzen der Sozialdisziplinierung. Aufstieg und Krise der deutschen Jugendfürsorge. 1878–1932, Köln 1982.

Vorbildlich auch für den sexuellen Mißbrauch handelt das Thema der familialen Gewalt ab, das das Tabuthema der siebziger und frühen achtziger Jahre war: *Michael S. Honig: Verhäuslichte Gewalt – Sozialer Konflikt, wissenschaftliche Konstrukte, Alltagswissen, Handlungssituationen, Frankfurt 1986.* Scharfsinn und Mut kennzeichnen das Buch der leider sehr früh durch Selbstmord aus dem Leben geschiedenen Autorin: *Barbara J. Nelson: Making an Issue of Child Abuse. Political Agenda Setting for Social Problems, Chicago 1984.* Übersetzt liegt folgender wichtiger Aufsatz vor: *Leroy H. Pelton: Kindesmißhandlung und Vernachlässigung: Der Mythos der Klassen- und Schichtenunabhängigkeit. In: Familiendynamik 4, 1979.* Rar und deshalb um so kostbarer sind hierzulande Stimmen, die dem restaurativen Rückschlag in Sachen Kinder und Sexualität Widerstand leisten. Empfehlenswert ist *Katharina Gröning: Sexualität mit Kindern. Vom Wandel einer Diskussion. In: Neue Praxis 19, 1989.*

Reinhart Lempp war an der Reform des Sexualstrafrechts beteiligt und muß sich deshalb heute rechtfertigen: *Bemerkungen zu Aggressivität und Sexualität am Beispiel des sexuellen Mißbrauchs von Kindern. In: Zeitschrift für Sexualforschung 3, 1990.* Informativ in Hinsicht auf die therapeutischen Maßnahmen, die schlimmer sind als das traumatische Ereignis: *William N. Friedrich: Psychotherapy of Sexually Abused Children and Their Families, Norton 1990.*

Wer der Verknotung von Feminismus, Sexualität, Masochismus und Rechthaberei nachgehen möchte, dem empfehle ich folgende Titel zum Thema: *Sigmund Freud: Ein Kind wird geschlagen. In: Ges. Werke, Band 12 (zuerst 1919); Anna Freud: Schlagephantasie und Tagtraum, Schriften Band 1 (zuerst 1922); Dorothy Burlingham: Mitteilungsdrang und Geständniszwang. In: Imago 20, 1934.* Außerdem neuerdings zur Einordnung authentischer Betroffenheit der Sammelband von *Alois Hahn und Volker Kapp: Selbstthematisierung und Selbstzeugnis, Bekenntnis und Geständnis, Frankfurt 1987.*

Zur progressiven Idealisierung sexueller Beziehungen von Erwachsenen zu Kindern lese man *Martin Dannecker: Zur strafrechtlichen Behandlung der Pädosexualität. In: Das Drama der Sexualität, Frankfurt 1987.* Keine Schauergeschichten von Vollzeitopfern, sondern wahre Geschichten von wirklichen Menschen, die Inzest in irgendeiner Form erlebt haben, finden sich in dem Buch des Düsseldorfer Psychotherapeuten *Mathias Hirsch: Realer Inzest, Berlin 1987.*

Bücher, die man schlecht findet und als das Gegenteil von aufklärend, nämlich irreführend und vorurteilsvoll wahrnimmt, sollte man gar nicht erwähnen und damit zur Kenntnis anderer bringen. Hier läßt es sich aber nicht vermeiden, weil gerade die von mir so entschieden kritisierten und abgelehnten Autoren mit ihren Büchern das Thema beherrschen. Ich habe sie außerdem zitiert und direkt angegriffen. Zum klassischen Grundbestand gehören *Barbara Kavemann/Ingrid Lohstöter: Väter als Täter. Sexuelle Gewalt gegen Mädchen,*

Reinbek 1984 u. ö.; Angelika Gardiner Sirtl, Hrsg.: Als
Kind mißbraucht. Frauen brechen das Schweigen, München
1983; Florence Rush: Das bestgehütete Geheimnis. Sexueller
Kindesmißbrauch, Berlin 1982.

Hatte Rush einen Vorspann, dann Louise Armstrong einen Nachspann, wo sich *Alice Miller* ins Zeug warf: *Kiss Daddy Goodnight, Frankfurt 1985.* Über Anzeigen in zwei Tageszeitungen gewannen *Nele Glöer und Irmgard Schmiedeskamp-Böhler* Kontakt zu Männern, die als Kinder mißbraucht worden waren: *Verlorene Kindheit – Jungen als Opfer von sexueller Gewalt, München 1990.* Bei Armstrong und in diesem Buch kommen immerhin auch Fälle vor, wo der Mißbrauch nicht als der Gottseibeiuns einer verpfuschten Kindheit beschworen wird. Eine Auseinandersetzung mit der Theorie von Freud und Lévi-Strauss über den Inzest und ihre Widerlegung durch die Verhältnisse, wie sie nun einmal angeblich sind, bietet *Josephine Rijnaarts: Lots Töchter. Über den Vater-Tochter-Inzest, Düsseldorf 1988.* Paradigmatisch verhackstückt habe ich *Louise De Salvo: Virginia Woolf – Die Auswirkungen sexuellen Mißbrauchs auf ihr Leben und Werk, München 1990.* Außerdem *Katharina Lappessen: Was ist mit Anna? München 1991.* Keine Zeit war mehr da, die Ratgeber-Literatur zum Thema durchzuforsten: *Rosemarie Steinhage: Sexueller Mißbrauch an Mädchen, Reinbek 1989.* Dieses Handbuch für Beratung und Therapie ist ein Beispiel dafür, daß der Leninismus-Stalinismus nicht auf die KPdSU beschränkt geblieben ist.

Wenn Frauen nicht zusammenhalten, also Mutter und Tochter, letztere schutzlos mißbraucht, dann muß der Mutter irgendetwas klar gemacht werden. Während über die Einführung der Kinder in die Welt der Liebe, der Erotik und Sexualität längst nicht mehr nachgedacht wird, tut man es um so mehr, wenn es um ihren Schutz vor dem sexuellen Mißbrauch geht: *Beate Besten: Sexueller Mißbrauch und wie man Kinder davor schützt, München 1991*. Und *Michelle Elliott: So schütze ich mein Kind – vor sexuellem Mißbrauch, Gewalt und Drogen, Stuttgart 1991*. Nichts gegen ein Selbstsicherheitstraining von Kindern – aber ließe sich das auf pädagogisch unerwünschte unanständige Offerten beschränken, wie die Autorinnen meinen?

In seinem neuen Essay analysiert der Sexualforscher Martin Dannecker die Ergebnisse seiner Aids-Studie. »Dokumentarische Nüchternheit ist wohl das sinnvollste Mittel gegen Dämonisierung. Das ist Aufklärung im besten Sinne.« *Frankfurter Allgemeine Zeitung* »Martin Dannecker zieht hier keine bloße Bilanz seiner umfangreichen Studie ›Homosexuelle Männer und Aids‹. Sein neues Buch überprüft die bisherigen Präventions- und Bewältigungsstrategien.« *magnus* »Dannecker kann am Beispiel der Entwicklung von Schuldgefühlen aufgrund sexuellen Begehrens zeigen, daß Probleme mit Homosexualität ein vergrößernder Spiegel unserer Probleme mit Sexualität überhaupt sind.« *Listen*

Martin Dannecker
Der homosexuelle Mann
im Zeichen von Aids
Klein Verlag

108 Seiten
gebunden
ISBN 3-922930-02-6

In seinem neuen Buch beschreibt Eberhard Schorsch
aus der Perspektive des Gutachters einen Prozeß über
einen Sexualmörder.

»Schorsch machte sichtbar, daß auch die schrecklichste
Tat ›von einem von uns‹ begangen wird.« *Der Spiegel*

»Ein Lehrstück ist es nicht, sondern ein Meisterstück
und gleichzeitig die beste Einführung in die forensische
Psychiatrie, die es gibt.« *Recht und Psychiatrie*

»Kann ein Mord begriffen werden? Wer auf die heikle
Frage Antwort sucht, sollte die facettenreiche Prozeß-
schilderung in Ruhe lesen.« *Hör Zu*

»Die Bilanz wird gewiß auf mancherlei Widerspruch
stoßen. Das kann nur im Sinn der Sache sein.«
Monatsschrift für Kriminologie

Eberhard Schorsch

Kurzer Prozeß?

Ein Sexualstraftäter vor Gericht

Klein Verlag

118 Seiten
gebunden
ISBN 3-922930-04-2

GOLDMANN

Entdeckung anderer Kulturen

Asien   12323

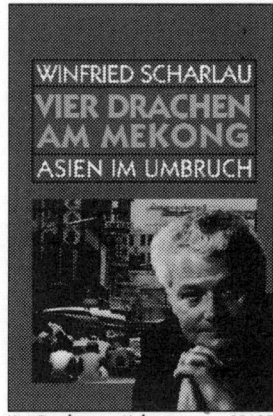

Vier Drachen am Mekong   11695

Chico Mendes   12403

Das alte Ladakh   11402

Goldmann · Der Taschenbuch-Verlag

GOLDMANN

Schicksale und Horizonte

Toschka   12354

Moritz mein Sohn   12353

Schenkt mir ein Wunder   12365

Das Herz zweier Welten   12404

Goldmann · Der Taschenbuch-Verlag

GOLDMANN

Ein Siedler Buch bei Goldmann

*Die Vergangenheit erzählen – die Gegenwart erfassen –
die Zukunft bedenken. Bücher zu Geschichte,
Politik und Zeitgeschehen erscheinen in direkter
Zusammenarbeit mit dem renommierten Siedler Verlag
im Goldmann Taschenbuch.*

Menschen und Mächte   12800

Kindheit in Ostpreußen   12810

Mitten in Europa   12807

Glanz und Elend des
Mittelalters   12825

Goldmann · Der Taschenbuch-Verlag

GOLDMANN

Der Sachbuch-Verlag

Die Welt entdecken, das Unbekannte begreifen. Die Sachbücher von Goldmann eröffnen dem Leser das ganze Spektrum des Wissens – fremde Kulturen, Wissenschaft und Gesellschaft, Religion und Psychologie im Brennpunkt packender und sachverständiger Texte.

Die Spuren der
Außerirdischen   12392

Die sieben Todsünden
der Kirche   12356

Wo ist Dirk?   12351

Lust, Der Weg zum
kreativen Leben   11367

Goldmann · Der Taschenbuch-Verlag

jenseits dieses Bereichs getroffen habe, betrachte ich – als Wissenschaftler und damit als Wahrheitssucher wie auch als Arzt, der sich verpflichtet hat, Menschen zu helfen – es als meine Pflicht, möglichst viele Menschen wissen zu lassen, dass das, was ich erlebt habe, wahr, real und von atemberaubender Bedeutung ist. Nicht nur für mich, sondern für uns alle.

Auf meiner Reise ging es nicht nur um Liebe, sondern auch darum, wer wir sind und wie wir miteinander in Verbindung stehen – um die eigentliche Bedeutung allen Seins. Dort oben erfuhr ich, wer ich bin, und als ich zurückkam, wurde ich Zeuge, wie die letzten losen Fäden dessen, was ich hier auf der Erde bin, vernäht wurden.

Du wirst geliebt. Das waren die Worte, die ich als Waisenkind, als Kind, das weggegeben worden war, so dringend hören musste. Es sind aber auch genau die Worte, die wir in dieser materiell orientierten Zeit alle hören müssen. Denn wenn es darum geht, wer wir wirklich sind, wo wir wirklich herkommen und wo wir wirklich hingehen, fühlen wir uns (fälschlicherweise) alle wie Waisenkinder. Wenn wir die Erinnerung an unsere größere Verbundenheit und an die bedingungslose Liebe unseres Schöpfers nicht zurückgewinnen, werden wir uns hier auf der Erde immer verloren fühlen.

Hier stehe ich also. Ich bin immer noch Wissenschaftler, ich bin immer noch Arzt, und als solcher habe ich zwei entscheidende Aufgaben: der Wahrheit die Ehre zu geben und zur Heilung beizutragen. Das bedeutet, dass ich meine Geschichte erzählen muss; die Geschichte eines Erlebnisses, von dem ich im Laufe der Zeit immer sicherer bin, dass es mir aus einem bestimmten Grund passiert ist. Nicht, weil ich irgendwie besonders bin. Es ist nur so, dass bei mir zwei Ereignisse in Einklang und Übereinstimmung aufgetreten sind, und gemeinsam brechen sie den letzten Bemühungen der reduktiven Wissenschaft das Genick, der Welt weiszumachen, die materielle Welt sei alles, was existiert, und das Bewusstsein – Ihres und meines – sei nicht das große und zentrale Mysterium des Universums.

Ich bin der lebende Beweis dafür.

Eternea

Mein Nahtoderlebnis hat mich dazu inspiriert, etwas beizutragen, die Welt zu einem besseren Ort für alle zu machen,
und Eternea ist das Instrument, um solch einen grundle-
genden Wandel möglich zu machen. Eternea ist eine ge-
meinnützige, mit öffentlichen Mitteln unterstützte Wohl-
fahrtseinrichtung, die ich gemeinsam mit meinem Freund
und Kollegen John R. Audette gegründet habe. Eternea
steht für das leidenschaftliche Bemühen, dem großen Ganzen durch Schaffung der bestmöglichen Zukunft für die
Erde und ihre Bewohner zu dienen.

Erklärtes Ziel von Eternea ist es, Forschung, Bildung und
anwendungsorientierte Programme im Bereich der spirituell
transformativen Erfahrungen sowie der Physik des Bewusstseins und der interaktiven Beziehung zwischen Bewusstsein
und physikalischer Realität (etwa Materie und Energie) voranzutreiben. Es handelt sich um das organisierte Bestreben,
die aus Nahtoderfahrungen gewonnenen Einsichten nicht
nur praktisch anzuwenden, sondern sie auch als Fundgrube
für alle Arten von spirituell transformativen Erfahrungen
zu nutzen.

Bitte besuchen Sie www.Eternea.org, um Ihr eigenes
spirituelles Erwachen voranzutreiben oder Ihre persönliche
Geschichte einer spirituell transformativen Erfahrung mit

anderen zu teilen – oder auch, wenn Sie den Verlust eines geliebten Menschen betrauern oder wenn Sie selbst von einer tödlichen Krankheit betroffen sind oder einem Menschen, den Sie lieben, in einer entsprechenden Situation zur Seite stehen. Eternea bietet zudem Wissenschaftlern, Akademikern, Forschern, Theologen und Angehörigen des Klerus, die an diesem Forschungsgebiet interessiert sind, wertvolle Quellen.

Eben Alexander, M. D.
Lynchburg, Virginia
10. Juli 2012

Dank

Besonders danken möchte ich meiner lieben Familie, und
zwar dafür, dass sie den härtesten Teil dieser Erfahrung
mit mir durchlitten hat, als ich im Koma lag: Holley, mit
der ich seit einunddreißig Jahren verheiratet bin, und unseren wunderbaren Söhnen Eben IV. und Bond, die alle
eine wichtige Rolle gespielt haben, als es darum ging, mich
wieder hierher zurückzubringen und mir zu helfen, mein
Erlebnis später nachzuvollziehen. Zum erweiterten Kreis
meiner Familie und Freunde, denen ich danken will, gehören meine geliebten Eltern Betty und Eben Alexander, Jr.,
sowie meine Schwestern Jean, Betsy und Phyllis, die (zusammen mit Holley, Bond und Eben IV.), während ich im
Koma lag, vereinbart hatten, die ganze Woche rund um
die Uhr meine Hand zu halten, um sicherzustellen, dass ich
ständig ihre liebevolle Berührung spürte. Betsy und Phyllis leisteten hervorragende Arbeit, als sie während meiner
ausgewachsenen ICU-Psychose (als ich nachts *überhaupt
nicht* schlafen konnte) die Nächte mit mir verbrachten, sowie in jenen ersten sehr unsicheren Tagen und Nächten,
nachdem ich auf die Neurologische Step-down-Station
gebracht worden war. Peggy Daly (Holleys Schwester)
und Sylvia White (seit dreißig Jahren Holleys Freundin)
nahmen ebenfalls an der konstanten Nachtwache in mei-

nem Zimmer auf der Intensivstation teil. Ohne die persönlichen und liebevollen Bemühungen dieser Wächterinnen, mich in diese Welt zurückzuholen, hätte ich es nicht geschafft. Ich danke auch Dayton und Jack Slye, die ohne ihre Mutter Phyllis auskommen mussten, während sie bei mir war. Holley, Eben IV., Mama und Phyllis halfen mir später auch bei der kritischen Überarbeitung meiner Geschichte.

Ich danke außerdem: Meiner mir vom Himmel geschickten leiblichen Familie und ganz besonders meiner verstorbenen Schwester, die ebenfalls Betsy heißt und die ich auf dieser Welt nie kennengelernt habe. Meinen fähigen Ärzten am Lynchburg General Hospital (LGH), vor allem Drs. Scott Wade, Robert Brennan, Laura Potter, Michael Milam, Charlie Joseph, Sarah und Tim Hellewell und vielen anderen. Den außerordentlichen Schwestern und anderen Mitarbeitern am LGH: Rhae Newbill, Lisa Flowers, Dana Andrews, Martha Vesterlund, Deanna Tomlin, Valerie Walters, Janice Sonowski, Molly Mannis, Diane Newman, Joanne Robinson, Janet Phillips, Christina Costello, Larry Bowen, Robin Price, Amanda Decoursey, Brooke Reynolds und Erica Stalkner. Ich war im Komazustand und musste anschließend sogar die Namen von Familienangehörigen neu lernen. Also vergeben Sie mir bitte, falls auch Sie dabei waren und Ihr Name hier nicht genannt wird.

Entscheidend für meine Rückkehr waren Michael Sullivan und Susan Reintjes.

Erwähnt werden müssen hier auch: John Audette, Raymond Moody, Bill Guggenheim und Ken Ring, Pioniere in der Gemeinschaft derer, die sich mit Nahtoderlebnissen beschäftigen. Ihr Einfluss auf mich war von unermesslicher Bedeutung (nicht zu vergessen Bills hervorragender redaktioneller Beistand).

Dankbar bin ich auch anderen führenden Denkern der »Virginia Consciousness«-Bewegung, wie Drs. Bruce Greyson, Ed Kelly, Emily Williams Kelly, Jim Tucker, Ross Dunseath und Bob Van de Castle.

Danken möchte ich ferner meiner Literaturagentin Gail Ross und ihrem wunderbaren Partner Howard Yoon sowie anderen von der Ross-Yoon-Agentur, die der Himmel mir geschickt hat; Ptolemy Tompkins für seine wissenschaftlichen Beiträge vor dem Hintergrund unvergleichlicher Kenntnisse der Literatur mehrerer Jahrtausende über das Leben nach dem Tod und für seine hervorragenden redaktionellen und schriftstellerischen Fähigkeiten, mit denen er meine Erfahrung in dieses Buch gewebt hat und ihr wirklich so gerecht wurde, wie sie es verdient hat; Priscilla Painton, Vizepräsidentin und Programmleiterin, sowie Jonathan Karp, Verlagsleiter bei Simon & Schuster, für ihren außerordentlichen Weitblick und die Leidenschaft, mit der sie diese Welt zu einem besseren Ort machen.

Marvin und Terre Hamlisch, wunderbare Freunde, deren Enthusiasmus und leidenschaftliches Interesse mich durch eine schwierige Zeit getragen haben.

Terri Beavers und Margaretta McIlvaine für ihre brillante Verbindung von Heilung und Spiritualität.

Karen Newell danke ich dafür, dass sie die Ergebnisse von Untersuchungen tiefenbewusster Zustände weitergegeben hat, und dafür, dass sie »Sei die Liebe, die du bist« lehrte, und den anderen Wundertätern vom Monroe-Institut in Faber, Virginia, vor allem Robert Monroe, der verfolgte, was *ist,* und nicht nur, was *sein sollte;* Carol Sabick de la Herran und Karen Malik, die Kontakt zu mir aufgenommen haben, sowie Paul Rademacher und Skip Atwater, die mich in der liebevollen Gemeinschaft auf den himmlischen Hochgebirgswiesen in Zentral-Virginia willkommen hießen. Mein Dank geht auch an Kevin Kossi, Patty Avalon, Penny Holmes, Joe und Nancy »Scooter« McMoneagle, Scott Taylor, Cindy Johnston, Amy Hardie, Loris Adams und alle meine Gateway-Voyager-Kollegen am Monroe Institute im Februar 2011; ferner an meine Moderatoren (Charleene Nicely, Rob Sandstrom und Andrea Berger), meine Lifeline-Teilnehmerkollegen und meine Moderatoren (Franceen King und Joe Gallenberger) im Juli 2011.

Ich danke meinen guten Freunden und Kritikern Jay Gainsboro, Judson Newbern, Dr. Allan Hamilton und Kitch Carter, die frühe Versionen dieses Manuskripts gelesen und gespürt haben, wie frustriert ich war, als ich mein spirituelles Erlebnis mit der Neurowissenschaft in Einklang zu bringen versuchte. Judson und Allan haben mir sehr geholfen, als es darum ging, die wahre Kraft meines Erlebnisses aus Sicht des Wissenschaftlers/Skeptikers anzuerkennen, und Jay hat mich dabei unterstützt, dies aus der Perspektive des Wissenschaftlers/Mystikers zu tun.

Dankbar bin ich zudem meinen Miterforschern des Tiefenbewusstseins und des Einsseins, zu denen Elke Siller Macartney und Jim Macartney gehören; Andrea Curewitz für ihren exzellenten redaktionellen Rat und Carolyn Tyler für ihre seelenvolle Begleitung bei der Entwicklung eines Verständnisses meines Nahtoderlebnisses (beide hatten selbst ein solches Erlebnis); Blitz und Heidi James, Susan Carrington, Mary Horner, Mimi Sykes und Nancy Clark, deren Mut und Glaube angesichts eines unfassbaren Verlusts mir half, mein Geschenk zu würdigen; Janet Sussman, Martha Harbison, Shobhan (Rick) und Danna Faulds, Sandra Glickman und Sharif Abdullah, Mitreisenden, die ich am 11.11.2011 erstmals traf und die mit mir zusammengekommen sind, um unsere sieben optimistischen Visionen einer strahlenden, bewussten Zukunft für die ganze Menschheit mit anderen zu teilen.

Es gibt noch viele andere Menschen, denen ich danken möchte, etwa den vielen Freunden, die meiner Familie in dieser schwierigen Zeit mit Rat und Tat zur Seite standen und deren aufmerksame Kommentare und Beobachtungen nicht nur meiner Familie sehr geholfen haben, sondern auch das Erzählen meiner Geschichte begleiteten: Judy und Dickie Stowers, Susan Carrington, Jackie und Dr. Ron Hill, Drs. Mac McCrary und George Hurt, Joanna und Dr. Walter Beverly, Catherine und Wesley Robinson, Bill und Patty Wilson, DeWitt und Jeff Kierstead, Toby Beavers, Mike und Linda Milam, Heidi Baldwin, Mary Brockman, Karen und George Lupton, Norm und Paige Darden, Geisel und Kevin Nye, Joe und Betty Mullen, Buster und Lynn Walker, Susan Whitehead, Jeff Horsley, Clara Bell, Courtney und Johnny Alford, Gilson und Dodge Lincoln, Liz Smith, Sophia Cody, Lone Jensen, Suzanne und Steve Johnson, Copey Hanes, Bob und Stephanie Sullivan,

Diane und Todd Vie, Colby Proffitt, die Familien Taylor, Reams, Tatom, Heppner, Sullivan und Moore und so viele andere.

Ich empfinde eine grenzenlose Dankbarkeit, ganz besonders gegenüber Gott.

Literatur

Atwater, F. Holmes: *Captain of My Ship, Master of My Soul.* Charlottesville, VA: Hampton Roads, 2001.

Atwater, P. M. H: *Near-Death Experiences. The Rest of the Story.* Charlottesville, VA: Hampton Roads, 2011.

Bache, Christopher: *Dark Night, Early Dawn. Steps to a Deeper Ecology of Mind.* Albany, NY: State University of New York Press, 2000.

Buhlman, William: *Secrets of the Soul. Astralreisen – Wege zu unserer wahren Natur.* München: Ansata, 2003.

Callanan, Maggie, und Patricia Kelley: *Mit Würde aus dem Leben gehen.* München: Droemer Knaur, 1993.

Carhart-Harris, RL, et al.: »Neural correlates of the psychedelic state determined by fMRI studies with psilocybin«, *Proc. Nat. Acad. Of Sciences* 109, No. 6 (Feb. 2012): 2138–2143.

Carter, Chris: *Science and the Near-Death Experience. How Consciousness Survives Death.* Rochester, VT: Inner Traditions, 2010.

Chalmers, David J.: *The Conscious Mind. In Search of a Fundamental Theory.* Oxford: Oxford University Press, 1996.

Churchland, Paul M.: *Die Seelenmaschine. Eine philosophische Reise ins Gehirn.* Heidelberg: Spektrum, 1997.

Collins, Francis S.: *Gott und die Gene. Ein Naturwissen-schaftler begründet seinen Glauben*. Gütersloh: Gütersloher Verlagshaus, 2007.

Conway, John, und Simon Kochen: »The free will theorem«. *Foundations of Physics* (Springer Netherlands) 36, No. 10 (2006): 1441–73.

—: »The strong free will theorem«. *Notices of the AMS* 56, No. 2 (2009): 226–32.

Dalai Lama: *Die Welt in einem einzigen Atom. Meine Reise durch Wissenschaft und Buddhismus*. Berlin: Theseus, 2005.

Davies, Paul: *Der Plan Gottes. Die Rätsel unserer Existenz und die Wissenschaft*. Frankfurt: Insel, 1996.

D'Souza, Dinesh: *Leben nach dem Tod. Warum es nicht irrational, sondern logisch ist, an das Jenseits zu glauben*. München: Goldmann, 2011.

Dupré, Louis, und James A. Wiseman: *Light from Light. An Anthology of Christian Mysticism*. Mahwah, NJ: Paulist Press, 2001.

Eadie, Betty J.: *Licht am Ende des Lebens. Bericht einer außergewöhnlichen Nah-Todeserfahrung*. München: Droemer Knaur, 2000.

Edelman, Gerald M., und Giulio Tononi: *Gehirn und Geist. Wie aus Materie Bewusstsein entsteht*. München: C. H. Beck, 2002.

Fox, Matthew, und Rupert Sheldrake: *Engel – die kosmische Intelligenz*. München: Kösel, 1998.

Fredrickson, Barbara: *Die Macht der guten Gefühle. Wie eine positive Haltung Ihr Leben dauerhaft verändert*. Frankfurt: Campus, 2011.

Guggenheim, Bill, und Judy Guggenheim: *Trost aus dem Jenseits. Unerwartete Begegnungen mit Verstorbenen.* Frankfurt: Scherz, 2010.

Hagerty, Barbara Bradley: *Fingerprints of God.* New York: Riverhead Hardcover, 2009.

Haggard, P., und M. Eimer: »On the relation between brain potentials and conscious awareness«. *Experimental Brain Research* 126 (1999): 128–33.

Hamilton, Allan J.: *Skalpell und Seele. Was die Medizin nicht erklären kann.* Reinbek: Rowohlt, 2010.

Hofstadter, Douglas R.: *Gödel, Escher, Bach. Ein endloses geflochtenes Band.* München: dtv, 1985.

Holden, Janice Miner, Bruce Greyson und Debbie James., Hg.: *The Handbook of Near-Death Experiences. Thirty Years of Investigation.* Santa Barbara, CA: Praeger, 2009.

Houshmand, Zara, Robert B. Livingston und B. Alan Wallace., Hg.: *Consciousness at the Crossroads. Conversations with the Dalai Lama on Brain Science and Buddhism.* Ithaca, NY: Snow Lion, 1999.

Jahn, Robert G., und Brenda J. Dunne: *An den Rändern des Realen. Über die Rolle des Bewusstseins in der physikalischen Welt.* Altkirchen bei München: M-TEC, 2006 (3. Auflage).

Jampolsky, Gerald G.: *Lieben heißt, die Angst verlieren.* München: Goldmann, 2005.

Jensen, Lone: *Gifts of Grace. A Gathering of Personal Encounters with the Virgin Mary.* New York: HarperCollins, 1995.

Johnson, Timothy: *Finding God in the Questions. A Perso-*

nal Journey. Downers Grove, IL: InterVarsity Press, 2004.

Kauffman, Stuart A.: *Der Öltropfen im Wasser. Chaos, Komplexität, Selbstorganisation in Natur und Gesellschaft*. München: Piper, 1996.

Kelly, Edward F., Emily Williams Kelly, Adam Crabtree, Alan Gauld, Michael Grosso und Bruce Greyson: *Irreducible Mind. Toward a Psychology for the 21st Century*. Lanham, MD: Rowman & Littlefield, 2007.

Koch, C., und K. Hepp: »Quantum mechanics and higher brain functions: Lessons from quantum computation and neurobiology«. *Nature* 440 (2006): 611–12.

Kübler-Ross, Elisabeth: *Über den Tod und das Leben danach*. Güllesheim: Silberschnur, 2012.

LaBerge, Stephen, und Howard Rheingold. *Exploring the World of Lucid Dreaming*. New York: Ballantine Books, 1990.

Lau, HC, R. D. Rogers, P. Haggard und R. E. Passingham: »Attention to intention«. *Science* 303 (2004): 1208–10.

Laureys, S.: »The neural correlate of (un)awareness: Lessons from the vegetative state«. »Trends in Cognitive Science«. *Cognitive Science* 9 (2005): 556–59.

Libet, B, C. A. Gleason, E. W. Wright und D. K. Pearl: »Time of conscious intention to act in relation to onset of cerebral activity (readiness-potential): The unconscious initiation of a freely voluntary act«. *Brain* 106 (1983): 623–42.

Libet, Benjamin: *Mind Time. Wie das Gehirn Bewusstsein produziert*. Frankfurt: Suhrkamp, 2007.

Llinás, Rodolfo R.: *I of the Vortex. From Neurons to Self.* Cambridge, MA: MIT Press, 2001.

Lockwood, Michael: *Mind, Brain & the Quantum: The Compound ›I‹.* Oxford: Basil Blackwell, 1989.

Long, Jeffrey, und Paul Perry: *Beweise für ein Leben nach dem Tod. Die umfassende Dokumentation von Nahtoderfahrungen aus der ganzen Welt.* München: Goldmann, 2010.

McMoneagle, Joseph: *Mind Trek. Autobiographie eines Psi-Agenten.* Aachen: Omega, 2000.

—: *Remote Viewing Secrets: A Handbook.* Charlottesville, VA: Hampton Roads, 2000.

Mendoza, Marilyn A.: *We Do Not Die Alone. »Jesus Is Coming to Get Me in a White Pickup Truck«.* Duluth, GA: I CAN, 2008.

Monroe, Robert A.: *Der zweite Körper. Astral- und Seelenreisen in ferne Sphären der geistigen Welt.* München: Heyne, 2007.

—: *Der Mann mit den zwei Leben.* München: Heyne, 2005.

—: *Über die Schwelle des Irdischen hinaus. Reisen in die Dimensionen jenseits von Tod und Materie.* München: Heyne, 2006.

Moody, Raymond A.: *Leben nach dem Tod. Die Erforschung einer unerklärlichen Erfahrung.* Reinbek: Rowohlt, 2001.

Moody, Raymond, Jr., und Paul Perry: *Zusammen im Licht. Was Angehörige mit Sterbenden erleben.* München: Goldmann, 2011.

Moorjani, Anita: *Heilung im Licht: Wie ich durch eine Nahtoderfahrung den Krebs besiegte und neu geboren wurde.* München: Goldmann, 2012.

Morinis, E. Alan: *Everyday Holiness: The Jewish Spiritual Path of Mussar.* Boston: Shambhala, 2007.

Mountcastle, Vernon: »An Organizing Principle for Cerebral Functions: The Unit Model and the Distributed System« in *The Mindful Brain,* hg. von Gerald M. Edelman und Vernon Mountcastle, pp. 7–50. Cambridge, MA: MIT Press, 1978.

Murphy, Nancey, Robert J. Russell und William R. Stoeger, Hg.: *Physics and Cosmology – Scientific Perspectives on the Problem of Natural Evil.* Notre Dame, IN: Vatican Observatory and Center for Theology and the Natural Sciences, 2007.

Neihardt, John G.: *Black Elk Speaks: Being the Life Story of a Holy Man of the Oglala Sioux.* Albany: State University of New York Press, 2008.

Nelson, Kevin: *The Spiritual Doorway in the Brain: A Neurologist's Search for the God Experience.* New York: Penguin, 2011.

Nord, Warren A.: *Ten Essays on Good and Evil.* Chapel Hill: University of North Carolina Program in Humanities and Human Values, 2010.

Pagels, Elaine: *Versuchung durch Erkenntnis. Die gnostischen Evangelien.* Frankfurt: Insel, 1985.

Peake, Anthony: *The Out-of-Body Experience: The History and Science of Astral Travel.* London: Watkins, 2011.

Penrose, Roger: *Zyklen der Zeit. Eine neue ungewöhnliche Sicht des Universums.* Heidelberg: Spektrum, 2011.

—: *Computerdenken. Des Kaisers neue Kleider oder Die Debatte um Künstliche Intelligenz.* Heidelberg: Spektrum, 1991.

—: *The Road to Reality: A Complete Guide to the Laws of the Universe*. New York: Vintage Books, 2007.

—: *Schatten des Geistes. Wege zu einer neuen Physik des Bewusstseins*. Heidelberg: Spektrum, 1995.

Penrose, Roger, Malcolm Longair, Abner Shimony, Nancy Cartwright und Stephen Hawking: *Das Große, das Kleine und der menschliche Geist*. Heidelberg: Spektrum, 2002.

Piper, Don, und Cecil Murphey: *90 Minuten im Himmel. Erfahrungen zwischen Leben und Tod*. Asslar: Gerth Medien, 2007.

Reintjes, Susan: *Third Eye Open – Unmasking Your True Awareness*. Carrboro, NC: Third Eye Press, 2003.

Ring, Kenneth, und Sharon Cooper: *Wenn Blinde sehen. Mindsight – Nahtoderfahrungen von Blinden*. Goch: Santiago, 2011.

Ring, Kenneth, und Evelyn Elsaesser Valarino: *Was wir aus Nahtoderfahrungen für das Leben gewinnen. Der Lebensrückblick als ultimatives Lerninstrument*. Goch: Santiago, 2009.

Rosenblum, Bruce, und Fred Kuttner: *Quantum Enigma: Physics Encounters Consciousness*. New York: Oxford University Press, 2006.

Schroeder, Gerald L.: *The Hidden Face of God: How Science Reveals the Ultimate Truth*. New York: Simon & Schuster, 2001.

Schwartz, Robert: *Jede Seele plant ihren Weg. Warum leidvolle Erfahrungen nicht sinnlos sind*. München: Ansata, 2012.

Smolin, Lee: *Die Zukunft der Physik. Probleme der String-Theorie und wie es weitergeht*. München: DVA, 2009.

Stevenson, Ian: *Reinkarnation. Der Mensch im Wandel von Tod und Wiedergeburt. 20 überzeugende und wissenschaftlich bewiesene Fälle.* Bielefeld: Aurum, 2003.

Sussman, Janet Iris: *The Reality of Time.* Fairfield, IA: Time Portal, 2005.

—: *Timeshift: The Experience of Dimensional Change.* Fairfield, IA: Time Portal, 1996.

Swanson, Claude: *Life Force, the Scientific Basis: Volume Two of the Synchronized Universe.* Tucson, AZ: Poseidia Press, 2010.

—: *The Synchronized Universe: New Science of the Paranormal.* Tucson, AZ: Poseidia Press, 2003.

Talbot, Michael: *Das holographische Universum.* München: Droemer Knaur, 1992.

Tart, Charles T.: *The End of Materialism: How Evidence of the Paranormal Is Bringing Science and Spirit Together.* Oakland, CA: New Harbinger, 2009.

Taylor, Jill Bolte: *Mit einem Schlag. Wie eine Hirnforscherin durch ihren Schlaganfall neue Dimensionen des Bewusstseins entdeckt.* München: Droemer Knaur, 2008.

Tipler, Frank J.: *Die Physik der Unsterblichkeit. Moderne Kosmologie, Gott und die Auferstehung der Toten.* München: Piper, 2001.

Tompkins, Ptolemy: *The Modern Book of the Dead: A Revolutionary Perspective on Death, the Soul, and What Really Happens in the Life to Come.* New York: Atria Books, 2012.

Tononi, G.: »An information integration theory of consciousness«. *BMC Neuroscience* 5 (2004): 42–72.

Tucker, J. B.: *Life Before Life: A Scientific Investigation of*

Children's Memories of Previous Lives. New York: St. Martin's, 2005.

Tyrrell, G. N. M.: *Man the Maker: A Study of Man's Mental Evolution.* New York: Dutton, 1952.

Van Lommel, Pim: *Endloses Bewusstsein. Neue medizinische Fakten zur Nahtoderfahrung.* Ostfildern: Patmos, 2011.

Waggoner, Robert: *Lucid Dreaming: Gateway to the Inner Self.* Needham, MA: Moment Point Press, 2008.

Wegner, D. M.: *The Illusion of Conscious Will.* Cambridge, MA: MIT Press, 2002.

Weiss, Brian L.: *Die zahlreichen Leben der Seele. Die Chronik einer Reinkarnationstherapie.* München: Goldmann, 1994.

Whiteman, J. H. M.: *The Mystical Life: An Outline of Its Nature and Teachings from the Evidence of Direct Experience.* London: Faber & Faber, 1961.

Wigner, Eugene: »The Unreasonable Effectiveness of Mathematics in the Natural Sciences«. *Communications in Pure and Applied Mathematics* 13, no. 1 (1960).

Wilber, Ken., Hg.: *Quantum Questions.* Boston: Shambhala, 1984.

Williamson, Marianne: *Rückkehr zur Liebe. Harmonie, Lebenssinn und Glück durch »Ein Kurs in Wundern«.* München: Goldmann, 1993.

Ziewe, Jurgen: *Multidimensional Man.* Selbstverlag, 2008.

Zukav, Gary: *Die tanzenden Wu Li Meister. Der östliche Pfad zum Verständnis der modernen Physik. Vom Quantensprung zum schwarzen Loch.* Reinbek: Rowohlt, 2012.

Anhang A

Stellungnahme von Scott Wade, M. D.

Als Spezialist für Infektionskrankheiten wurde ich gebeten, mir Dr. Eben Alexander anzusehen, nachdem er am 10. November 2008 ins Krankenhaus eingeliefert und eine bakterielle Meningitis bei ihm festgestellt worden war. Dr. Alexander war schnell erkrankt und hatte zunächst grippeähnliche Symptome, Rücken- und Kopfschmerzen. Er war unverzüglich in die Notaufnahme gebracht worden, wo zuerst eine CT-Schichtaufnahme von seinem Kopf gemacht worden war und dann eine Lumbalpunktion, bei der man zerebrospinale Flüssigkeit entnahm, die auf eine gramnegative Meningitis hinwies. Er wurde sofort intravenös mit entsprechenden Antibiotika behandelt und wegen seines kritischen Zustandes und weil er im Koma lag, an ein Beatmungsgerät angeschlossen. Innerhalb von vierundzwanzig Stunden stand fest, dass es sich bei den gramnegativen Bakterien im Liquor um *E.-coli*-Bakterien handelte. Eine *E.-coli*-Meningitis ist eine Infektion, die bei Kleinkindern häufiger, aber bei Erwachsenen sehr selten vorkommt (in den Vereinigten Staaten von Amerika in weniger als einem von zehn Millionen Fällen jährlich), vor allem, wenn kein Schädelhirntrauma und keine Gehirnoperation vorausgegangen ist und auch keine chronische Erkrankung wie beispielsweise Diabetes vorliegt. Dr. Alexander war zum Zeitpunkt der Diagnosestellung ansonsten kerngesund, und es konnte keine tieferliegende Ursache für seine Meningitis gefunden werden.

Bei Kindern und Erwachsenen mit gramnegativer Meningitis liegt die Sterblichkeitsrate zwischen 40 und 80 Prozent. Dr. Alexander wurde mit Krampfanfällen und einem deutlich veränderten Geisteszustand ins Krankenhaus eingeliefert. Beides sind Risikofaktoren für neurologische Komplikationen oder Tod (die Sterblichkeitsrate liegt über 90 Prozent). Trotz einer sofortigen, aggressiven Antibiotika-Behandlung seiner *E.-coli*-Meningitis und kontinuierlicher Pflege auf der Intensivstation lag er sechs Tage im Koma, und die Hoffnung auf eine schnelle Genesung schwand (die Sterblichkeitsrate liegt hier bei über 97 Prozent). Dann, am siebten Tag, geschah das Wunderbare: Er öffnete die Augen, wurde wach und konnte schnell von dem Beatmungsgerät entwöhnt werden. Die Tatsache, dass er sich danach vollkommen von seiner Erkrankung erholt hat, obwohl er fast eine Woche im Koma gelegen hat, ist wirklich bemerkenswert.

Scott Wade, M. D.

Anhang B

Neurowissenschaftliche Hypothesen, die ich einbezogen habe, um meine Erfahrung zu erklären

Als ich meine Erinnerungen mit mehreren anderen Neurochirurgen und Wissenschaftlern durchging, zog ich einige Hypothesen in Betracht, die meine Erinnerungen vielleicht erklären konnten. Um es gleich auf den Punkt zu bringen: Sie alle konnten nicht erklären, wie es zu der reichen, stabilen und vielschichtigen Interaktivität meiner Erfahrung im Übergang und im Zentrum (der »Ultra-Realität«) gekommen ist. Zu diesen Hypothesen gehören:

1. Ablaufen eines primitiven Stammhirn-Programms, um letale Schmerzen und entsprechendes Leiden zu lindern (»evolutionäres Argument« – möglicherweise ein Relikt der »Totstell«- oder Scheintod-Strategien, die von niederen Säugetieren eingesetzt werden). Dies konnte die stabile, hochgradig interaktive Natur meiner Erinnerungen nicht erklären.

2. Der verzerrte Rückgriff auf Erinnerungen aus tieferen Teilen des limbischen Systems (beispielsweise der lateralen Amygdala), über dem genügend Gehirnmasse liegt, um relativ gut vor einer meningitischen Entzündung geschützt zu sein, die hauptsächlich an der Oberfläche

des Gehirns auftritt. Auch das konnte die stabile, hochgradig interaktive Natur meiner Erinnerungen nicht erklären.

3. Endogene Glutamatblockade mit Excitotoxizität, die das halluzinogene Anästhetikum Ketamin nachahmt (gelegentlich werden Nahtoderlebnisse ganz allgemein damit erklärt). Ich habe die Wirkung von Ketamin, das als Anästhetikum eingesetzt wurde, zu Beginn meiner Laufbahn als Neurochirurg an der Harvard Medical School in einigen Fällen beobachten können. Der halluzinatorische Zustand, der dadurch erzeugt wurde, war höchst chaotisch und unangenehm und hatte keine wie auch immer geartete Ähnlichkeit mit meinem Erlebnis im Koma.

4. N,N-Dimethyltryptamin (DMT)-Ausschüttung (aus der Zirbeldrüse oder anderen Bereichen des Gehirns). DMT, ein natürlich vorkommender Serotoninagonist (vor allem an den Rezeptoren 5-HT1A, 5-HT2A und 5-HT2C), verursacht lebhafte Halluzinationen und einen traumähnlichen Zustand. Ich bin durch meine Teenagerzeit in den frühen 1970er-Jahren mit Drogen vertraut, die Agonisten oder Antagonisten von Serotonin sind (das heißt, mit LSD und Meskalin). Mit DMT habe ich keine persönlichen Erfahrungen gemacht, aber ich habe Patienten gesehen, die unter seinem Einfluss standen. Die reiche Ultra-Realität setzt dennoch einen ziemlich intakten auditiven und visuellen Neokortex als Zielregion voraus, in der eine so reiche audiovisuelle Erfahrung, wie ich sie im Koma hatte, erzeugt werden kann. Das längere Koma aufgrund

der bakteriellen Meningitis hatte meinen Neokortex schwer geschädigt, und nur dort hätte das ganze Serotonin aus den Raphe-Kernen im Stammhirn (oder der Serotoninagonist DMT) seine Wirkung auf das audiovisuelle Erleben entfalten können. Aber mein Kortex war ausgeschaltet gewesen, und das DMT hätte an keinem anderen Ort im Gehirn wirksam werden können. Die DMT-Hypothese scheitert an der Ultra-Realität des audio-visuellen Erlebnisses und dem Ausfall des Kortex, auf den sich das DMT hätte auswirken können.

5. Einige meiner Erlebnisse könnte man auf die Erhaltung einzelner isolierter kortikaler Regionen zurückführen, doch deren Erhalt war angesichts der Schwere meiner Meningitis und der eine Woche andauernden Resistenz gegen jede Therapie höchst unwahrscheinlich: Die Anzahl der peripheren Leukozyten lag bei über 27 000 pro mm^3, die der stabkernigen neutrophilen Granulozyten mit toxischer Granulation bei 31 Prozent, die der CSF-Leukozyten (weiße Blutkörperchen in der zerebrospinalen Flüssigkeit (cerebrospinal fluid = CSF)) bei über 4 300 pro mm^3, die CSF-Glukose war auf 1,0 mg/dl gesunken, das CSF-Protein lag bei 1,340 mg/dl. Auf meinem vergrößerten CT-Scan waren ein weit ausgebreiteter meningealer Befall sowie damit verbundene Hirnanomalien zu sehen, und neurologische Untersuchungen ergaben erhebliche Veränderungen der kortikalen Funktionen und eine Dysfunktion der extraokularen Motilität, was auf eine Schädigung des Stammhirns schließen ließ.

6. In dem Bemühen, die »Ultra-Realität« meiner Erfahrung zu erklären, habe ich auch diese Hypothese geprüft: Könnten überwiegend Netzwerke aus inhibitorischen Neuronen betroffen gewesen sein, was ungewöhnlich hohe Aktivitätsniveaus in den exzitatorischen neuronalen Netzwerken ermöglichte und die scheinbare »Ultra-Realität« meines Erlebnisses erzeugte? Man würde erwarten, dass eine Meningitis vor allem den oberflächlichen Kortex beeinträchtigt und möglicherweise tiefere Schichten teilweise funktionsfähig lässt. Die Recheneinheit des Neokortex ist die sechsschichtige »funktionale Säule«, wobei jede Schicht einen lateralen Durchmesser von 0,2–0,3 mm hat. Lateral gibt es als Reaktion auf regulierende Kontrollsignale, die größtenteils aus subkortikalen Regionen (Thalamus, Basalganglien und Stammhirn) stammen, eine signifikante Vernetzung mit unmittelbar angrenzenden Säulen. Jede funktionale Säule hat eine Komponente an der Oberfläche (Schichten 1–3). Eine Meningitis setzt die jeweilige Säule also allein dadurch außer Funktion, dass sie die Oberflächenschichten des Kortex zerstört. Die anatomische Verteilung der inhibitorischen und exzitatorischen Zellen, die ziemlich gleichmäßig innerhalb der sechs Schichten verteilt sind, stützt diese Hypothese nicht. Eine ausgedehnte Meningitis, von der die Oberfläche des Gehirns betroffen ist, schaltet aufgrund dieser Säulenarchitektur den gesamten Neokortex wirksam aus. Für einen Totalzusammenbruch ist keine vollständige Zerstörung aller Schichten nötig. Angesichts der langen Phase, in der

ich höchst dürftige neurologische Funktionen aufwies (sieben Tage), und der Schwere meiner Infektion dürften auch die tieferen Schichten des Kortex nicht mehr funktioniert haben.

7. Der Thalamus, die Basalganglien und das Stammhirn sind tiefere Gehirnstrukturen (»subkortikale Regionen«), die nach Ansicht einiger Kollegen zur Verarbeitung derart hyperrealer Erfahrungen beigetragen haben könnten. Doch eigentlich konnte keine dieser Strukturen eine derartige Rolle spielen, wenn nicht zumindest einige Bereiche des Neokortex noch intakt waren. Letzten Endes waren sich alle einig, dass diese subkortikalen Strukturen die intensiven neuronalen Leistungen, die ein so hochgradig interaktiver Erlebnisgobelin erforderte, allein nicht hätten erbringen können.

8. Ein »Neustart-Phänomen« mit einem ungeordneten Haufen von grotesken und zusammenhanglosen Erinnerungen als Überreste alter Erinnerungen im beschädigten Neokortex, das auftreten könnte, wenn der Kortex nach einem längeren Systemausfall, wie er durch meine ausgedehnte Meningitis hervorgerufen worden war, wieder neu ins Bewusstsein gestartet wird. Dies scheint besonders angesichts der Feinheiten meiner in sich stimmigen und vielschichtigen Erinnerungen höchst unwahrscheinlich.

9. Ungewöhnliche Erinnerungserzeugung über eine archaische Sehbahn durch das Mittelhirn, die vor allem von Vögeln genutzt wird, bei Menschen aber nur sehr selten feststellbar ist. Sie kann bei Menschen mit einer

durch eine Schädigung des Okzipitallappens verursachten Rindenblindheit nachgewiesen werden. Dies erklärt aber weder die Ultra-Realität, die ich erlebt habe, noch die auditiv-visuelle Verzahnung meiner Erinnerungen.